2ᵉ ÉDITION

LE SIÉGE

DE

STRASBOURG

1870

LA BIBLIOTHÈQUE — LA CATHÉDRALE

PAR

ALFRED MARCHAND

Rédacteur du *Temps*.

PARIS

LIBRAIRIE DE JOËL CHERBULIEZ

G. FISCHBACHER, GENÈVE

M DCCC LXXI

LE SIÉGE

DE

STRASBOURG

1870

IMPRIMERIE GÉNÉRALE. — LAHURE

Rue de Fleurus, 9, à Paris

DEUXIÈME ÉDITION

LE SIÉGE

DE

STRASBOURG

1870

LA BIBLIOTHÈQUE — LA CATHÉDRALE

PAR

ALFRED MARCHAND

Rédacteur du Temps

PARIS

LIBRAIRIE DE JOËL CHERBULIEZ

(G. FISCHBACHER, GÉRANT)

33, RUE DE SEINE, 33

MDCCCLXXI

Toujours on glorifiera les peuples qui ont combattu résolûment pour leur Dieu, leurs lois, leurs parents, leurs femmes et leurs enfants, et qui ont succombé après avoir lutté la main dans la main, poitrine contre poitrine, avec l'ennemi.

(GOETHE, *Hermann et Dorothée.*)

PRÉFACE.

Per angusta ad augusta.

Le petit livre que j'offre au public est né
tout naturellement des circonstances douloureuses que nous traversons et dont les
suites pèseront longtemps encore sur notre
malheureuse patrie. A l'importance qu'a-
vait aux yeux du citoyen la défense d'un
des principaux boulevards de la France, se
oignait pour moi l'intérêt poignant d'une

a

lutte où se trouvaient engagées mes affections les plus vives, les plus saintes, des vies qui me sont plus chères que ma vie, des existences sans lesquelles la mienne ne me serait d'aucun prix. J'avais donc été conduit à suivre de près les péripéties du siége de Strasbourg, à mettre sous les yeux de la France, surprise par tant de défaillances, de trahisons et de désastres, qui s'accumulaient avec une effrayante rapidité, l'exemple d'une ville qui, seule à un certain moment, soutenait l'honneur de la nation, à rappeler aussi la dette sacrée que la France contractait envers Strasbourg et l'Alsace.

Encouragé par plusieurs de mes amis, je me suis décidé à réunir les articles que j'avais consacrés, dans le journal *le Temps*, à la description sommaire de la Bibliothèque et à l'histoire de la cathédrale de Strasbourg; je les ai complétés par de nouveaux et intéressants détails, et j'y ai joint un récit du siége de la ville, ainsi que des efforts faits par les Alsaciens présents à Paris pour offrir plus que de stériles témoignages de sympathie aux frères, aux amis, dont les souffrances nous plongeaient dans de mortelles angoisses.

J'ai cédé volontiers, je l'avoue, au vœu que l'on m'exprimait de toutes parts. J'ai été fier d'avoir quelque droit à raconter les souffrances et les combats d'une population à laquelle me rattachent tant de liens si doux, et de pouvoir contribuer, pour ma part, à perpétuer le souvenir de la résistance d'une ville qui, par ses sacrifices et sa résolution, a si bien mérité de la patrie.

Ce n'est point, cependant, uniquement à la glorification de Strasbourg que sont con - sacrées ces lignes. Je poursuis un but plus haut, plus général. Je voudrais saisir l'occa- sion qui m'est donnée de rappeler au petit nombre de lecteurs qui arrêteront leurs yeux sur ces pages, de simples vérités qui, trop longtemps méconnues, ont si grave- ment compromis le salut de notre grand peuple ; je voudrais contribuer à diminuer notre goût trop prononcé pour les entre- prises bruyantes, éclatantes de la force, pour les œuvres éblouissantes, mais éphé- mères de la violence, notre passion pour la vaine gloire, pour les mots retentissants et creux, notre dédain pour les œuvres lentes et modestes, pour les humbles mais seuls féconds travaux de la paix : je vou- drais faire la guerre à la guerre.

En énumérant les atrocités commises par nos ennemis, mon récit a l'air de vouloir semer ou envenimer les haines, provoquer des représailles, éterniser la lutte : telle n'est pas mon intention. Les entraînements de la guerre doivent nous prémunir contre la guerre; si inhumaines, si illégitimes, si coupables qu'aient été les violences de nos adversaires, elles doivent nous encourager, non pas à chercher une revanche également cruelle, mais à nous défier d'une institution qui est la violence et l'inhumanité même, et qui provoque toutes les horreurs, si elle ne les justifie point.

Lorsque la fortune nous a accablés de ses rigueurs, lorsque nous avons été menacés dans l'intégrité de notre territoire, nous en avons appelé hautement du droit de la force au droit de la volonté, des sympathies et de la liberté des peuples. L'eussions-nous respecté , si nous avions été vainqueurs et maîtres? Dans tous les cas, nous ne l'avons jamais proclamé avec plus d'ardeur, soutenus, il est vrai, avec une énergie indomptable par ceux-là mêmes en faveur de qui et au nom de qui nous l'invoquions. Cette invocation est une promesse que nous nous faisons à nous-mêmes, un gage que nous donnons à tous les peuples, amis ou ennemis. Quelle que soit l'issue de la lutte actuelle, — nous ne la connaissons pas à cette heure, — en inscrivant sur notre drapeau le principe des nationalités fondées non sur la conquête, mais sur l'assentiment moral, non sur la force et la matière, mais sur les affinités spirituelles , nous nous engageons à le respecter à tout jamais, et à le faire respecter envers et contre nous-mêmes, si quelques-uns d'entre nous pouvaient être tentés de l'oublier; nous nous engageons à ne plus faire que la guerre défensive.

En nous ramenant à ces dispositions, la terrible épreuve à laquelle nous sommes soumis aura exercé sur nous une salutaire influence. La guerre actuelle sera une garantie de paix pour l'Europe, de dignité, de bonheur pour la France. Elle nous déterminera à renoncer à ces visées ambitieuses qui nous ont jetés dans la crise suprême où nous nous débattons et d'où nous ne pouvons sortir que brisés, mutilés, anéantis, énervés à tout jamais, ou à tout jamais guéris, grandis et régénérés. Ne l'oublions pas : la France partage la responsabilité de la guerre actuelle et des désastres qu'elle a entraînés, non pour l'avoir provoquée ni déclarée, mais pour s'être livrée, pieds et poings liés, à l'homme qui l'a entreprise dans un but non avoué, mais facile à deviner. Fatiguée des nobles luttes de la liberté, des rudes labeurs de la paix, la France s'était livrée à la fascination et à l'éclat des armes, réfugiée sous l'ombre empoisonnée du despotisme, amollie, endormie dans les délices et les voluptés des jouissances grossières, prosternée dans la boue, devant des idoles impures, livrée, en un mot, au culte de la matière. Le Moloch dans les bras duquel elle s'était jetée devait l'étouffer. La sagesse des vieux âges l'a dit : ce que l'homme aura semé, il le récoltera. Cela est vrai des nations comme des individus. La nation avait semé ou laissé semer la corruption, elle devait recueillir la mort.

La France impériale, avec sa vie tout en

dehors, avec son dégoût des virils travaux
et des mâles efforts, avec ses fêtes et ses plai-
sirs incessants, avec son extérieur follement
gai, ressemblait à un fruit mûr, brillant,
plein de séve et de force. Il a suffi non pas
d'une secousse plus ou moins violente, mais
d'une légère piqûre, pour percer cette enve-
loppe trompeuse, et pour laisser échapper toute la pourriture qu'elle recélait. Cet
effondrement est-il une ruine complète?
Toute la séve a-t-elle été absorbée par le
ver rongeur, et l'arbre ne peut-il refleurir?
Toutes les assises du monument se sont-
elles écroulées, et ne pourra-t-il être relevé? Qui le penserait? Qui oserait pronon-
cer une sentence de mort sur un grand
pays qui renferme encore tant d'ardeurs
généreuses, tant de fortes vertus, tant de
caractères infléchis? La France s'est laissé
égarer, séduire par un feu follet, plutôt que

corrompre dans sa vie intime. Elle saura
reprendre la voie que lui ont tracée ses plus
beaux, ses plus bienfaisants génies; elle
saura se retrouver, se reconnaître elle-
même. Les événements actuels, avec une
éloquence pénétrante à laquelle nulle voix
humaine ne saurait atteindre, nous répè-
tent cette vérité qui se trouve inscrite à
chaque page de notre histoire : la France
n'est grande que par l'Idée, par l'Esprit.
C'est par le rayonnement de ses idées généreuses, de sa pensée émancipatrice,
qu'elle fera des conquêtes plus vastes, plus
durables que celles qu'elle rêvait par
les armes. Qu'elle parle au monde de liberté, de justice, d'humanité, avec la chaleur entraînante qui distingue son génie :
que pourra le monde contre ces puissances
immortelles? Impalpables, invisibles et in-
vincibles, elles renverseront tous les obsta-

cles, elles s'infiltreront à travers toutes les
murailles, elles abaisseront toutes les bar-
rières, elles embraseront tous les cœurs,
elles féconderont tous les progrès, elles
fonderont l'empire paisible et glorieux du
pays qui leur aura donné cette victorieuse
impulsion.

Dans cette campagne nouvelle, l'Alsace
n'aura-t-elle pas de rôle à jouer? Sentinelle
avancée de la France, elle l'avertira des
progrès des nations rivales, elle rallumera
son zèle quand il menacera de se ralentir ;
elle jettera le cri d'alarme quand elle sera
près de s'endormir et de se laisser devan-
cer par l'étranger ; elle l'aidera, par l'étude
attentive des inventions, des découvertes
du voisin, à rester à la tête du mouvement progressif et civilisateur qui seul fait
la vie des grandes nations.

Est-ce là une douce et brillante vision
d'avenir, destinée à s'évaporer au contact
de la réalité, et à n'avoir de durée et de
consistance que celle d'un rêve? — Il dé-
pend de chacun de nous de contribuer dans
sa sphère à ce que ce rêve devienne une
vérité : il n'appartient pas, nous le croyons
fermement, au domaine des chimères et des
vaines utopies, et il n'est ouvrier si petit
qu'il ne puisse travailler à la réaliser.

ALFRED MARCHAND.

Paris, 30 novembre 1870.

LE SIÉGE

DE STRASBOURG

LE SIÉGE
DE STRASBOURG.

I

COMMENCEMENT DU SIÉGE.

Dispositions pacifiques de Strasbourg et de l'Alsace lors de la déclaration de guerre. — Résolution unanime de la population de rester unie à la France. — Commencement des hostilités. — Faiblesse de la garnison. — La ville est sommée de se rendre. — Ouverture du siége et du bombardement. — Les paysans alsaciens sont forcés de travailler aux tranchées. — Destruction du faubourg National, du faubourg de Pierre, du faubourg de Saverne. — Incendie de la cathédrale, de la bibliothèque, de l'hôpital, du musée d'art. — Le général de Werder refuse de laisser sortir de la ville la population civile. — Le bombardement continue.

L'homme de Sedan, après avoir sacrifié des milliers de vies humaines et compromis l'exis-

tence d'une nation dans une lutte entreprise
pour étouffer dans le sang les aspirations libé-
rales d'un grand peuple, a essayé de se laver
de son infamie en prétendant que la guerre lui
avait été imposée. Monarque constitutionnel,
scrupuleusement et délicatement soucieux de
respecter la volonté du pays, il aurait sacrifié
sa répugnance personnelle pour les luttes sanglantes au vœu nettement et librement exprimé
par le peuple. L'histoire dira un jour ce qu'a
été cette déférence du conspirateur pour la
volonté d'une nation sur laquelle il avait fait
peser vingt ans de terreur et de despotisme.
Elle montrera la France humiliée, condamnée à
tourner sur place, sans volonté propre, sous le
fouet du maître, dans une sorte de région sou-
terraine où elle étouffait faute d'air et de lumière, et finalement lancée, les yeux bandés,
épuisée, haletante, sans force et sans vie, dans
la plus folle et la plus sanglante des aventures.
Juge impartial et sévère, la postérité fera la
part des responsabilités, et prononcera la sen-

tence définitive sur les auteurs et les complices
du drame; mais il importe de rassembler dès
maintenant tous les éléments du procès, de
recueillir les faits qui devront éclairer le jugement de l'histoire. Il n'est donc pas sans intérêt de rechercher comment la déclaration de
guerre fut accueillie de la ville qui devait être
le plus cruellement éprouvée par le fléau que des
hommes au cœur léger attiraient sur la France.

Comme la province tout entière, comme la
capitale elle-même, Strasbourg avait été surpris
par ce coup de tonnerre qui éclatait dans un
ciel serein. Revenue de sa stupeur, la ville pro-
testa avec indignation contre une entreprise
qui lui apparaissait comme un attentat à la civilisation, et dont l'idée pesait sur la plupart
comme un rêve douloureux, comme un horrible cauchemar qu'il fallait secouer de toutes
ses forces. Sans doute, certaines couches de la
population étaient animées d'une ardeur guerrière qui ne demandait qu'à éclater. Ce sentiment peut, sinon se justifier, du moins s'expli-

quer par le voisinage de la frontière, qui produit
des effets contraires, selon l'élévation et la cul-
ture des esprits. La proximité d'une nation
étrangère élargit le cercle d'idées, agrandit le
point de vue des classes éclairées, et, sans étouffer en elles l'amour du sol natal, les unit dans
un commun amour de l'Humanité, supérieure
à toutes les différences de race, d'origine et de
tempérament. Ce même contact rétrécit, au
contraire, le point de vue des masses incultes,
trop portées à considérer l'étranger comme un
ennemi ou un barbare, et exalte jusqu'à le faus-
ser leur patriotisme mal éclairé. L'influence
qui ouvre les âmes et dilate les cœurs d'un
côté, les ferme et les aigrit de l'autre. Ce phé-
nomène se produisit à Strasbourg à un degré
inusité, au commencement de la guerre. Tandis
qu'une partie de la population, la moins éclairée, donnait libre cours à ses sentiments belli-
queux, l'autre était loin de ressentir la même ardeur. Ville savante et studieuse, Strasbourg se
considérait comme un pont jeté entre la France

et l'Allemagne, sur lequel se rencontraient
journellement les esprits les moins accessibles
aux étroits préjugés des deux nations, pour se
communiquer leurs pensées les plus hautes,
leurs idées les plus neuves, leurs découvertes
les plus utiles, et augmenter ainsi les trésors de
science et de civilisation lentement accumulés
par les âges. C'est avec douleur que l'on
voyait cet échange fraternel interrompu, brisé
par des desseins nourris dans l'ombre , et
des haines factices, surexcitées par quelques
ambitieux, précipiter l'une contre l'autre deux
nations appelées à s'apprécier et à s'aimer.

On connaissait d'ailleurs les formidables ressources de la Prusse; l'on ne se trompait pas
sur les dispositions de l'Allemagne du Sud à
s'unir avec l'Allemagne du Nord, en face d'un
ennemi commun; et si l'on ignorait l'incroyable imprévoyance , l'inexcusable légèreté de
nos chefs, si l'on ne prévoyait pas les désastres inouïs qui devaient nous accabler, l'on
n'allait cependant au-devant de la lutte qu'a-

vec une vive répugnance, avec de secrètes
appréhensions.

Telle était la vivacité du sentiment qui se
prononçait pour ou contre la guerre, que des
divisions profondes éclatèrent dans la ville,
dans les différentes classes, et jusqu'au sein
des familles. Des cercles intimes, qui s'étaient
réunis pendant de longues années, se sépa-
rèrent; tels amis, qui étaient habitués depuis
leur enfance à vivre d'une même vie, cessè-
rent de se voir; la population se divisa en
deux camps ardents et presque hostiles. Les
premiers mouvements de troupes s'étaient déjà
opérés, que le parti pacifique, qui n'était pas
le moins nombreux, faisait encore circuler une
pétition contre la guerre. On ne pouvait croire
au prochain déchaînement de l'orage; on ten-
tait, au dernier moment encore, de le conjurer. Détail curieux, dont nous garantissons
l'authenticité : lorsqu'il fallut renoncer définitivement à tout espoir de conciliation, et que
les paysans durent amener les chevaux d'ar-

tillerie que l'administration de la guerre mettait chaque année à leur disposition, à chaque plainte qu'ils élevaient sur un secours utile qui leur était ainsi enlevé, la population de la ville, irritée, leur répondait en rappelant le vote de confiance aveugle qu'ils avaient donné lors du plébiscite à l'auteur de la guerre, et dans un langage significatif dans sa pittoresque concision : « Chacun de ces chevaux que vous regrettez, disait-elle, c'est un *oui!* »

Lorsque tout espoir d'éviter le choc sanglant se fut évanoui, Strasbourg se montra résolu aux plus grands sacrifices pour contribuer au succès de la campagne, car on connaissait de longue date les convoitises de l'Allemagne; on savait que, sous l'excitation des derniers succès remportés par les Prussiens, ces convoitises s'étaient réveillées avec une nouvelle ardeur, et l'on ne se cachait pas qu'en cas de victoire la Prusse ne craindrait pas d'élever des prétentions contraires aux sympathies et à la volonté formelle de la population alsacienne. Aussi, de toutes parts, les citoyens demandèrent-ils des armes pour renforcer, en cas de besoin, la résistance de l'armée. Le gouvernement, pour qui l'ennemi était aussi bien au dedans qu'au dehors, et qui prétendait s'appuyer uniquement sur une force qu'il fût toujours sûr de gouverner à son gré, repoussa cette demande avec hauteur, et presque comme une insulte à la valeur des troupes, à la prévoyance des chefs. Toutes les mesures étaient prises pour exécuter promptement la marche triomphale que l'on projetait ! Cette défiance vis-à-vis de la nation fut une des principales causes de nos désastres. Elle mit l'Alsace presque tout entière, ainsi que nos provinces de l'Est, à la merci d'un vainqueur décidé à fouler aux pieds toutes les lois de la guerre, et à punir à l'égal d'un crime toute résistance de la population civile, si légitime qu'elle fût.

Les hostilités commencèrent, à Strasbourg,

dans la journée du 16 juillet, par la rupture des communications du chemin de fer entre les deux rives du Rhin. Les Allemands ayant replié le pont tournant du côté de Kehl, nos troupes prirent la même précaution sur la rive française. Le tronçon central du pont subsista seul au milieu du fleuve. Le pont de bateaux fut enlevé le lendemain, de sorte que, le 17, la circulation entre la France et l'Allemagne se trouva suspendue sur ce point. Toutefois, un service de nacelles fut organisé pour le transport des nombreuses personnes des deux nationalités qui, surprises en pays étranger par la déclaration de guerre, n'avaient pas encore trouvé le temps de rentrer dans leur patrie. Ceux qui profitèrent le plus longtemps de ces communications improvisées, ce furent les paysans badois et les commerçants de Kehl et des environs. Habitués à porter leurs denrées et les produits de leur sol sur les marchés de Strasbourg et à les échanger contre de l'argent français, ils renonçaient difficilement à un débou-

ché sans lequel ils allaient se trouver rui-
nés.

Bien plus, les travaux de la défense de
Strasbourg n'étant pas tous achevés, et les ouvriers recevant un salaire relativement élevé,
destiné à stimuler leur zèle, l'on vit un assez
grand nombre d'Allemands, attirés par le désir
du gain, passer le Rhin en nacelles pour offrir
leurs services à la France et élever ces redoutes
et ces ouvrages dirigés contre leur patrie. Ils
venaient le matin et s'en retournaient gaiement
le soir, après avoir travaillé à garantir la population contre les coups que leurs frères, leurs
fils, eux-mêmes peut-être s'apprêtaient à lui
porter quelques jours plus tard. Après avoir
mangé le pain de Strasbourg, ils allaient se
donner la sinistre satisfaction de détruire cette
autre nourriture, infiniment plus précieuse, que
a bibliothèque de la ville distribuait, non-seulement aux savants badois, mais aux savants
du monde entier.

Vers le 18 juillet, Strasbourg avait été pres-

que dégarni de troupes. Plusieurs régiments
qui y tenaient garnison avaient été désignés pour
faire la campagne sous le commandement du
général Ducrot, revenu du camp de Châlons et
appelé, pensait-on, à rendre de très-grands
services à l'armée, par sa connaissance appro-
fondie des rives du Rhin et du duché de Bade,
où devaient avoir lieu d'importantes opérations militaires. Ces régiments étaient partis,
laissant dans la ville leurs dépôts ; on pensait qu'ils seraient remplacés par de forts
détachements de la garde mobile. Personne,
d'ailleurs, ne croyait que le théâtre de la guerre
serait transporté aux portes de Strasbourg, ni
surtout que cette forteresse dût être exposée à
un siége en règle. Il ne serait venu à l'idée de
personne que des désastres répétés pussent
amener l'ennemi devant la ville, et la livrer,
sans défense, sans secours, à ses coups. Telle
avait été la surprise causée par la déclaration
de guerre, que, vers la fin du mois de juillet,
les approvisionnements de bouche se trouvaient

loin d'être suffisants, même pour la garnison
ordinaire. Les vivres de campagne, le riz, le
café, le sucre, le lard salé, manquaient posi-
tivement, et diverses denrées de première nécessité, comme le beurre, le lait, se vendaient
déjà à des prix extraordinaires. La population
ne s'apprêtait que très-mollement à se pourvoir
de provisions pour le cas si improbable d'un
siége; ses préoccupations les plus ardentes la
portaient à rassembler avant tout des sommes
considérables destinées au soulagement des blessés. Quoique l'on se crût assuré que le théâtre
de la guerre dût s'éloigner graduellement des
frontières de l'Alsace et que le choc décisif aurait lieu au cœur de l'Allemagne, l'on savait que
Strasbourg recevrait un certain nombre des victimes de ces luttes sanglantes, et les particuliers
voulaient rivaliser de zèle et de sacrifices pour
leur témoigner leur sympathie et leur faire sentir, par ces soins minutieux et délicats que les
grands établissements de l'État ne peuvent donner, l'assistance et la reconnaissance de la patrie.

Un grand nombre d'ambulances furent installées par les soins des dames de la ville, au château, au lycée, au gymnase protestant, à la halle, au séminaire protestant, etc.; les étudiants de la Faculté de théologie se constituèrent infirmiers, un certain nombre de comités se formèrent pour centraliser les secours, les nombreux médecins de la ville se partagèrent entre les diverses ambulances pour en prendre la direction, les élèves du lycée et du gymnase protestant renoncèrent à leurs prix pour augmenter les ressources employées au soulagement des blessés: à la fin du mois Strasbourg était de toutes les villes de France celle qui, toute proportion gardée, avait réuni la somme la plus forte pour l'allégement des misères de la guerre.

C'est au milieu de ces préparatifs incomplets et conçus surtout en vue d'adoucir les souffrances de ceux que le sort devait atteindre de sa main la plus rude, que fut accompli aux portes de Strasbourg un acte de destruction inattendu, dont le caractère d'inutilité frappa

péniblement toute la population, et qui peut
être considéré comme le signe avant-coureur de
la fureur de dévastation à laquelle l'armée
ennemie allait se livrer. Le 22 juillet, vers
quatre heures du soir, raconte le *Courrier du
Bas-Rhin*, auquel nous empruntons ce récit, on
remarqua, de la rive française, un mouvement
extraordinaire sur la rive allemande. Les senti-
nelles se retiraient, tandis que le rivage, morne
et silencieux depuis un certain temps, se dégar-
nissait du petit nombre de personnes qui s'y
trouvaient. Au bout de quelques instants une
forte détonation se fit entendre, une grande
nuée de fumée et de poussière s'éleva dans les
airs, et quand elle fut dissipée, on vit le tablier
tournant de la tête de pont badoise étendu sur
la pente de la berge et à moitié plongé dans le
Rhin. C'était l'effet d'une première mine. Il y
en avait une seconde, destinée à faire sauter la
culée, et qui heureusement n'avait pas produit
l'effet qu'on en attendait. Quelques pierres seulement avaient été détachées de la culée; la

base même en était demeurée intacte. La commotion avait, en outre, renversé le beau portail du tronçon du milieu du pont, tourné du côté badois, avait fait tomber la plupart des ornements qui l'enjolivaient, et avait même lézardé le fortin qui figure, comme un vrai décor de théâtre, à l'entrée du pont, sur la rive droite.

Quels étaient les auteurs de cette œuvre de destruction? Étaient-ce les Prussiens, ou les Badois? Il est difficile de le préciser avec une certitude absolue, puisque les soldats employés à cet exploit d'un nouveau genre étaient revêtus de blouses blanches; mais il est à peu près hors de doute qu'ils appartenaient à l'armée badoise, car à cette époque on n'avait pas encore distingué d'uniformes prussiens à Kehl. Cette destruction d'une œuvre d'art, par laquelle nos voisins préludaient dignement aux actes de vandalisme qu'ils allaient commettre pendant des semaines sur une ville dont le commerce était une condition indispensable de bien-être pour

un grand nombre d'entre eux, et sur des trésors
qui appartenaient non à un peuple, mais à la
civilisation tout entière, cette destruction souleva
à Strasbourg des sentiments d'indignation d'autant plus vifs qu'elle était plus inutile. Au point
de vue militaire, la portée efficace de ce déman-
tèlement était nulle. Nous l'avons déjà dit : le
pont tournant était replié du côté badois ainsi
que du côté français; pour que nos troupes eussent pu s'en servir, il eût fallu qu'elles eussent
passé le Rhin, et, dans ce cas même, le chemin
de fer n'eût pas été absolument indispensable à
leurs opérations. Nos pontonniers auraient rapidement construit plusieurs ponts de bateaux
sur le fleuve pour le passage d'une armée entière,
comme ils l'avaient fait en d'autres temps; et,
maîtres des deux rives, nos ingénieurs auraient
sans doute trouvé promptement un moyen de
rétablir le raccordement du chemin de fer badois avec le chemin de fer français.

A peine la population de Strasbourg était-elle
revenue de la stupeur mêlée d'une ardente co-

lère où l'avait jetée cet acte inqualifiable, qu'une autre surprise, plus terrible, lui était réservée. Alors que l'on croyait l'armée allemande en retraite, cherchant à attirer nos troupes sur un champ de bataille choisi avec soin et de longue date en plein pays ennemi, et cachant ce mouvement par un rideau de troupes chargées de faire tous les jours de petites incursions sur notre territoire ; alors que l'on connaissait les ordres donnés et les préparatifs faits à Landau en vue d'un siège et d'un bombardement par les Français, la nouvelle éclata subitement à Strasbourg de la défaite du corps de Douay à Wissembourg, et, à quelques jours de distance, celle du désastre éprouvé à Wœrth par le maréchal Mac-Mahon. En même temps que ces nouvelles, arrivèrent de nombreux blessés, et dans le plus affreux désordre, épuisés, démoralisés, à moitié désarmés, maudissant le sort qui s'était déclaré pour le nombre contre la valeur individuelle, des fuyards échappés du champ de bataille, appartenant aux armes et aux corps les plus divers. Ce fut une stupéfaction, une émotion indescriptible!

Cependant l'on ne pouvait prévoir toutes les conséquences de ces revers, le complet et lugubre isolement où Strasbourg allait être laissé, la fureur de destruction qui allait se déchaîner et sévir sur la ville pendant deux longs mois, et la population courut au plus pressé : elle prodigua les soins les plus touchants aux glorieuses victimes que l'on avait transportées dans ses murs, elle ne songea qu'à une chose, panser les plaies, relever les courages, préparer la revanche. Hélas! cette revanche ne devait pas venir.

Dès le 7 août, les éclaireurs de l'armée ennemie parurent à une courte distance de la ville; les villages de Hoehnheim, de Bischheim, de Schiltigheim, situés à une demi-lieue au nord de Strasbourg, furent bientôt occupés par des forces considérables : il devenait évident que la capitale de l'Alsace allait être menacée.

On s'attendit dès lors, non pas à un siége

en règle, prolongé pendant des semaines, mais
à un investissement plus ou moins complet,
auquel l'arrivée d'une armée de secours ou un
éclatant et décisif succès remporté par nos
principaux corps d'opération allait mettre une
prompte fin, et l'on se promit d'utiliser les
trop incomplets moyens de défense de manière
à donner aux secours le temps d'arriver.

Quels étaient ces moyens? — La garnison
était réduite à son minimum par le départ des
bataillons de guerre embrigadés dès l'ouverture de la campagne; le maréchal Mac-Mahon,
marchant au secours des troupes décimées à
Wissembourg, avait emmené une partie des
troupes et toute l'artillerie disponibles, sur
lesquelles Strasbourg eût pu compter en d'autres circonstances; il ne restait dans la ville
que quelques milliers d'hommes d'infanterie
et cinquante hommes appartenant au régiment
de pontonniers qui tient garnison permanente à
Strasbourg. Il faut y ajouter les deux mille
fuyards qui s'y étaient réfugiés dans un état voi-

sin du découragement. C'est avec cet effectif
de six mille soldats, en partie abattus par le
sort qui avait trahi leurs efforts désespérés et
leur valeur maintes fois éprouvée, et formant en
tout cas un tout sans lien, sans cohésion, que la
cité héroïque résolut d'entreprendre la lutte
avec un ennemi dont les forces étaient dix fois
supérieures aux siennes. Ce qui la soutint dès le
commencement, et à travers toutes les horreurs
de ce mémorable siége, c'était, outre l'espoir
que nous avons indiqué plus haut, la certitude
qu'elle était l'enjeu de la lutte gigantesque dans
laquelle étaient engagées les deux nations, et
que de son attitude dépendrait le sort de toute
la province. Dès l'ouverture des hostilités ,
les journaux d'outre-Rhin avaient manifesté
l'appétit dévorant dont l'Allemagne était saisie
à l'égard de l'Alsace; le Haut-Rhin et le Bas-
Rhin se considéraient donc comme faisant une
guerre *défensive*, et la population de Strasbourg, lorsque les masses prussiennes vinrent
se déployer sous ses murs, se dit que l'heure

était venue de montrer autrement que par des
paroles et de vaines protestations que sa volonté ferme, inébranlable, était de rester française. Nous allons voir avec quelle tragique,
quelle indomptable énergie elle a tenu la parole
qu'elle s'était donnée à elle-même.

La garde nationale s'organisa immédiatement
et, pour ainsi dire, sous le feu de l'ennemi;
les ouvriers, les commerçants, les étudiants,
les hommes d'étude et de cabinet, quittèrent
avec empressement leurs outils, leurs occupa-
tions pacifiques, pour l'exercice et le maniement
des armes. La population comptait un grand
nombre d'anciens officiers d'artillerie qui s'é-
taient attachés à Strasbourg et s'y étaient établis pour y passer leur retraite : ils rentrèrent dans
le corps où ils avaient conquis leurs grades, et
fournirent ainsi un élément précieux à l'impor-
tant service des pièces d'artillerie. Enfin, après
le départ du général Ducrot, le commandement
de la division avait été confié à un homme énergique, enfant du pays, qui eut bientôt conquis

la confiance générale, et qui résolut de maintenir intacte la réputation de valeur, d'honneur
militaire d'une ville qui avait donné à la France
des chefs tels que Kellermann et Kléber.

L'entente s'établit promptement ; une même
ardeur coùrait dans les rangs, un même souffle
patriotique passait sur les âmes, et les élevait à
cette hauteur où les grandes choses nous de-
viennent familières.

Un seul scrupule aurait pu paralyser la résolution du général Uhrich de se défendre à ou-
trance : comment exposer toute la population
civile aux privations, aux souffrances d'un
siége ? Le temps avait manqué pour éloigner les
vieillards, les femmes, les enfants, les malades,
les blessés. Où les aurait-on pu abriter d'ailleurs? Les conduire dans la plaine, dans les
petites villes ouvertes ou même dans la monta-
gne, c'était les exposer aux coups de main des
Prussiens qui couraient la campagne et commençaient à la désoler, à la ruiner par leurs impitoyables réquisitions. Leur faire passer le Rhin

qui coule à une demi-lieue de la ville, c'était les
transporter sur une terre qui, il y a quelques
jours encore, leur souriait, mais qui maintenant
n'était plus qu'un pays ennemi. Du côté du nord,
et vers l'ouest, les lignes de chemins de fer
étaient occupées par l'ennemi; celle du sud
avait été maintenue libre un ou deux jours de
plus que les autres, et c'est par cette voie qu'on
avait réussi à faire entrer dans la ville une cer-
taine quantité, bien insuffisante d'ailleurs, de
vivres; mais dès le surlendemain de la bataille
de Reichshoffen, on avait fait sauter le petit
tunnel sous lequel passait le chemin de fer pour
franchir les remparts, de sorte que toutes les
communications avec le dehors étaient inter-
rompues. Quatre-vingt mille hommes se trouvaient donc enfermés dans la ville, sans ressources, presque sans armes, n'ayant même pas eu
le temps de se demander où ils auraient pu se
réfugier pour échapper aux coups de l'ennemi;
mais tous ces éléments, qui par leur faiblesse
auraient pu être un embarras pour la défense

et déterminer la reddition de la ville, devinrent par leur fermeté, leur constance et leur
volonté hautement exprimée, un encourage-
ment pour celui qui était chargé du soin de diriger la résistance. Si quelques-uns manifestèrent
d'autres dispositions, vaincus par la crainte
d'exposer des existences précieuses à de terribles épreuves, la plupart même de ceux qu'on
est convenu d'appeler « les êtres faibles », comprirent la nécessité patriotique qui s'imposait àu
commandement militaire, et s'y soumirent avec
un admirable courage. Était-ce d'ailleurs une
honte de leur part, et de la part même de ceux
qui ne faisaient pas leurs premières armes,
d'espérer que les épreuves au-devant desquelles
on marchait avec calme ne dépasseraient pas
la mesure commune en pareille circonstance?
On ne pouvait prévoir que ces ennemis qui
se disaient volontiers les représentants de
l'humanité, de la douceur, de tous les sentiments nobles et élevés, qui prétendaient n'a-
voir pris les armes que pour repousser l'a-

gression d'un peuple batailleur, et qui s'élevaient contre la présence, dans nos rangs, des enfants du désert comme étant à elle seule une atteinte aux lois de la civilisation, à la dignité de la nation de philosophes qu'ils avaient l'honneur de combattre, on ne pouvait prévoir que ces vengeurs du droit et de l'humanité fouleraient aux pieds toutes les lois de l'humanité, et feraient, avec un raffinement de cruauté inconnu jusqu'ici dans l'histoire, de cette population inoffensive de femmes, d'enfants et de malades, le seul et unique point de mire de leur attaque. On pensait que les remparts seraient battus en brèche, et la ville, autant que possible, épargnée; on ne se doutait pas que ces voisins enrichis par nous et qui jusqu'au dernier moment avaient profité de notre hospitalité et mangé notre pain, à qui, la veille encore, on avait serré amicalement la main, s'étaient changés subitement en hordes insensibles, semant la mort et la destruction avec le calme le plus imperturbable.

L'illusion était naturelle, mais elle fut de courte durée. Apportant jusque dans les moindres détails de la campagne cet esprit de froid et minutieux calcul, étranger à toute espèce de considération philanthropique, qui distingue le génie de leur race, marchant droit à leur but, inflexibles comme une barre de fer, les généraux prussiens ne songèrent qu'à une chose : s'emparer par les moyens les plus rapides, les plus terribles, d'une position qu'ils appelaient eux-mêmes la clé de la maison, dont la chute déterminerait celle de la province tout. entière, peut-être même l'issue de la guerre. Ce qui les confirmait d'ailleurs dans leur calcul, c'était leur parfaite connaissance de la situation et des ressources de la ville. Les légions d'espions dont ils avaient sournoisement couvert la France depuis des années, et qui avaient inquiété la population de Strasbourg, ne leur laissaient aucun doute à cet égard. Un grand nombre de ces agents avaient été arrêtés dans la ville après la déclaration de guerre, et, par leurs

rapports, l'ennemi avait appris que les ressources de Strasbourg, insuffisantes en elles-mêmes,
étaient encore diminuées par la présence de
quelques milliers de paysans des environs qui,
saisis d'épouvante après le désastre de Reichshoffen, avaient cherché derrière les murs de la
ville un refuge contre le flot montant de l'invasion. Résolus à ne rien respecter pour atteindre leur but le plus promptement possible, les
alliés se mirent à l'œuvre et exécutèrent leur
plan avec une ténacité et un sang-froid qui je-
tèrent l'étonnement et l'épouvante dans le cœur
des plus indifférents.

Le 8 août, le dernier train sorti de Strasbourg avait emporté ceux qui ne voulaient pas
courir les risques auxquels la ville était exposée,
ainsi que les dernières lettres par lesquelles les
habitants annonçaient à leurs amis leurs craintes,
mais aussi leur ferme attachement à la patrie
dont ils allaient être séparés par le fer plus longtemps qu'ils ne le pensaient, mais à laquelle

ils étaient unis par une volonté plus forte que
le fer, plus forte que la mort.

Dans cette même journée du 8, le corps badois fit une pointe hardie vers Strasbourg, et une
tentative qui prouvait quelle connaissance exacte
avait l'ennemi des ressources de ses défenseurs.
Un parlementaire s'avança à quelques mètres près
de la place, et la somma de se rendre. Il fit va-
loir très-habilement les graves échecs de l'armée
française, sa déroute, sa fuite, et l'impossibilité
de défendre la ville. Il insista sur la faiblesse de
la garnison, et indiqua avec une grande précision les points les plus vulnérables de l'enceinte.
L'ennemi avait compté sans le patriotisme des
habitants : ils répondirent en fermant les portes
et en déclarant qu'ils ne se rendraient pas. Le
coup de main était manqué : les Badois se ven-
gèrent en lançant quelques obus sur les fau-
bourgs. Ces projectiles allumèrent un incendie
au faubourg de Pierre, et tuèrent un père de famille, sa femme et ses deux enfants, au moment
où ils sortaient paisiblement d'une brasserie de

la rue du faubourg de Saverne. C'était l'ouverture de ce drame horrible que nous allons raconter maintenant dans ses traits les plus généraux, et qui devait durer cinquante jours.

Le 9, on voyait du haut des remparts des
colonnes ennemies circuler en tous sens autour
de la ville, pour en reconnaître les approches.
Le 12, les régiments prussiens et badois se
massaient autour des murs, guidés par des officiers qui se faisaient reconnaître par les habitants de la campagne, l'un pour un élève fores-
tier, l'autre pour un élève de l'école d'application
de Metz, un troisième pour un ingénieur civil,
toutes qualités qu'ils avaient prises pour explo-
rer à leur aise les montagnes, les plaines, les
villes de l'Alsace qui offraient un intérêt stra-
tégique. D'autres, qui avaient servi dans les
nombreuses brasseries qui sont une des principales industries de Strasbourg et des environs,
commençaient, dès lors, avec une précision et
une rigueur implacables, des réquisitions ap-

puyées de menaces brutales ou de fallacieuses
promesses. Ils donnaient aux habitants dépouil-
lés par eux des bons à toucher.... sur le vaincu.
En même temps les chefs supérieurs lançaient
des proclamations avertissant la population écra-
sée par l'invasion, qu'on fusillerait toutes les
personnes qui détruiraient les ponts, dévaste-
raient les routes, ;couperaient les lignes télé-
graphiques et *serviraient de guide à l'ennemi*. Tout en menaçant de mort ceux qui
tenteraient d'inquiéter ou d'entraver leurs communications, les Prussiens s'appliquaient avec
un soin extrême à détruire celles de Strasbourg et à empêcher la ville de les rétablir.
C'est ainsi qu'ils faisaient sauter, à la hauteur
de Fegersheim, le pont du chemin de fer de
Bâle, que la population avait utilisé le plus
longtemps.

Les troupes ayant occupé les positions qui
leur avaient été assignées, les premiers travaux
de circonvallation furent entrepris et poussés
avec une grande activité. Le général qui, jusque-

là, avait dirigé les opérations des corps chargés d'envahir l'Alsace et d'investir Strasbourg, fut éloigné à ce moment du commandement. Les journaux annoncèrent que la maladie forçait M. de Beyer à renoncer à la direction des opérations qu'il avait conduites avec tant d'habileté; mais on est autorisé à croire que, puisqu'il était d'origine badoise et qu'il avait eu des relations multipliées avec Strasbourg, le gouvernement prussien le supposait capable de faire quelques objections aux ordres qui allaient lui être donnés, ou de les exécuter avec trop de mollesse. Le roi Guillaume jugeait probablement qu'un Prussien seul accomplirait à souhait les desseins ténébreux qu'il nourrissait, et M. de Beyer fut remplacé par M. de Werder, qui justifia effectivement la confiance dont son auguste maître l'honorait. Le général prussien accomplit l'œuvre de destruction dont il fut chargé, de façon à attacher à son nom l'immortalité de l'infamie, et que, pour trouver son égal, il faut remonter aux âges les plus sombres de la barbarie.

Le 15 août au soir, la ville assiégée subit la première attaque sérieuse. La foule se promenait dans les rues, s'entretenant des éventualités prochaines, de l'arrivée probable d'un corps d'armée français, de la durée éventuelle de l'investissement, lorsque, subitement, des sons stridents fendirent l'air et annoncèrent le passage des projectiles ennemis. Le lendemain, la nouvelle se répandit que des habitants avaient été touchés et blessés, que deux femmes avaient été tuées et plusieurs enfants écrasés dans leur lit par des éclats d'obus, enfin que la cathédrale elle-même semblait avoir été visée, et avait été, en tout cas, atteinte par l'ennemi. Contrairement aux lois de la guerre, cet essai de bombardement n'avait point été annoncé aux assiégés. Aux plaintes qui s'élevèrent de divers côtés contre ce procédé inhumain, aux reproches que la population de Strasbourg adressa au général ennemi, il répondit par ce trait d'esprit, admiré sans doute à Berlin, que ses troupes avaient tenu à célébrer à leur manière la fête de l'empereur et à tirer un feu d'artifice en l'honneur du 15 août. L'indignation fut si grande à Strasbourg, qu'une sortie fut décidée, et exécutée le même jour par la garnison. Elle attaqua vigoureusement l'ennemi du côté d'Ostwald, mais elle dut se replier devant des forces supérieures par le nombre et l'artillerie. En même temps, le général Uhrich déclara que, dans le cas où les assiégeants renouvelleraient leur tentative et dirigeraient de nouveau leur feu contre les habitations, au lieu de battre les remparts, il se verrait forcé de répondre en incendiant Kehl. Le général de Werder n'ayant pas tenu compte de cet avertissement, et ayant fait commencer, le 19 au matin, le bombardement régulier de Strasbourg, l'artillerie de la place ouvrit un feu terrible contre Kehl. Aussitôt ce fut, dans la presse allemande, une explosion de colères et de malédictions[1]. Le bom-

---

1. Nous en avons eu sous les yeux de curieux exemples, entre autres dans la *Gazette de Cologne*.

bardement ouvert, sans sommation préalable, contre de paisibles habitants, avait paru « une bonne plaisanterie » à nos honnêtes voisins allemands; le feu que nos troupes commençaient, en un cas de légitime défense et après des menaces réitérées, n'était plus, à leurs yeux, qu'un crime de lèse-humanité. La justice exigeait que Strasbourg laissât détruire, sans mot dire, des monuments et des trésors uniques dans le monde, et respectât avec le soin le plus scrupuleux les brasseries enfumées d'une petite ville sans importance!

Ni ces odieuses tentatives ni ces récriminations absurdes n'arrêtèrent les efforts, n'abattirent le courage des habitants et de la garnison de Strasbourg. Ils firent des sorties aussi fréquentes que le leur permettaient leurs ressources si limitées, et réussirent même plusieurs fois à empêcher les troupes ennemies de s'établir au cimetière de Sainte-Hélène, qui, par son élévation, offrait un point d'attaque naturel contre les murs de la place; mais le petit nombie des assiégés ne leur permettait pas de pousser loin ces avantages partiels. Après des luttes de plusieurs heures, force leur était bien de rentrer dans les murs.

Le bombardement continu et en règle, commencé le 19 au matin par les batteries établies près de Kehl, sur les rives du Rhin, fut continué les jours suivants. Dès le 19, un assez grand nombre de maisons avaient été mises en feu. Les batteries ennemies établies près de Kœnigshoffen, au sud-ouest de la ville, avaient réduit en cendres une partie de la rue du faubourg National; plusieurs personnes avaient été tuées, d'autres blessées. Un des premiers projectiles était tombé dans un pensionnat de jeunes filles établi dans la rue de l'Arc-en-ciel et dirigé par des religieuses. En éclatant, la bombe avait tué sept jeunes personnes; quatre autres avaient eu les jambes brisées. Le lycée, converti en ambulance, avait été atteint malgré le drapeau blanc qui flottait, haut élevé, sur ses murs; l'on avait été réduit à transporter les blessés dans les ca-

ves de cet établissement, pour les dérober aux
coups barbares qui leur étaient destinés, et c'est
dans ces souterrains humides, où la guérison
des malades était presque infailliblement com-
promise, que les médecins de la ville et les dames qui s'étaient constituées infirmières volontaires poursuivaient leur œuvre de dévouement, s'oubliant eux-mêmes et redoublant de
soins et de zèle pour arracher sa proie à la
mort, qui la guettait maintenant sous une double forme.

Occupée à soigner les blessés de Wissembourg et de Wœrth, et ceux que les combats
livrés aux portes de la ville et les bombes lan-
cées par les assiégeants y ajoutaient tous les
jours, affrontant aussi fréquemment que possible les dangers et les fatigues de luttes meur-
trières avec l'ennemi du dehors, la population
avait à se débattre contre un autre ennemi encore, qu'elle cachait dans son sein, et qui était
d'autant plus redoutable qu'il était partout et
ne pouvait être saisi avec certitude nulle part.

Cet ennemi, c'étaient les nombreux espions qui avaient pu s'introduire dans la ville à la faveur de la large hospitalité qu'elle accordait aux étrangers, et qui était devenue proverbiale. Ces espions avaient, à plusieurs reprises, averti les Prussiens des sorties projetées par les défenseurs, de sorte que l'ennemi se tenait sur ses gardes, avant même que les premiers assaillants eussent franchi les portes de la forteresse. Dès le 8 août, le préfet du Bas-Rhin avait prévenu le ministre de l'Intérieur que plus de cinquante individus d'origine prussienne, soupçonnés ou convaincus de se livrer à l'espionnage, avaient été mis en prison. A la fin du mois, ces agents étaient encore si nombreux que le général Uhrich, pour confondre leurs menées, dut faire afficher un ordre, aux termes duquel toute personne surprise sur les toits serait fusillée sur l'heure.

Cependant, malgré toutes les circonstances qui les favorisaient, les Prussiens n'obtenaient pas les prompts succès qu'ils désiraient. Les

canons de la place détruisaient beaucoup de
leurs ouvrages, démontaient un grand nombre
de leurs pièces, leur causaient des pertes sensi-
bles et foudroyaient les hauteurs et les maisons de Schiltigheim, pour les empêcher de s'y
établir. L'ennemi rendait à l'artillerie strasbourgeoise ce témoignage, qu'elle déployait une
grande habileté; il s'en plaignait beaucoup,
regrettant amèrement de n'avoir point tous les
avantages pour lui, dans cette lutte à tous les
autres points de vue si inégale. L'artillerie de la
garnison était dirigée par deux officiers d'un
grand mérite, le colonel Fiévée, commandant
du 16ᵉ régiment de pontonniers, et le général
Barral. Le colonel Fiévée fut atteint dans une
des premières sorties, et mourut des suites de sa
blessure. Le général Barral avait été mis par le
gouvernement impérial, au début de la guerre,
dans le cadre de réserve et comme en disgrâce,
mais bientôt les échecs et les fautes commises
l'avaient rendu nécessaire. Désigné trop tard
pour commander l'artillerie de Strasbourg, il

avait dû, pour s'introduire dans la place, traverser seul et sous un déguisement les lignes
ennemies. Cet homme énergique, que le général Bosquet appelait en Crimée le premier
canonnier de France, avait bravé la mort
pour se rendre à son poste; il la brava plus
d'une fois encore pour s'y maintenir avec honneur.

Vers la fin du mois, le général de Werder en-
treprit de grands travaux pour détourner l'Ill
et la Brusch de leur cours, et priver ainsi la forteresse d'une de ses défenses naturelles. Bien
plus : pour activer la marche du siége, il mit en
réquisition les habitants des villages environ-
nants, les forçant, sous peine de mort, à aider
leurs ennemis à faire les tranchées et les travaux
dirigés contre la ville. Il choisit de préférence
les hommes jeunes et valides qui, en rejoignant
les groupes de résistance dont l'organisation
était commencée sur plusieurs points, eussent pu
inquiéter ses détachements isolés, et il ne borna
pas aux alentours de la ville ces réquisitions

barbares. Ces mesures furent prises et exécu-
tées sans merci sur une assez vaste étendue,
jusqu'à la hauteur d'Obernai et de Barr, et
là où la population valide n'était pas enlevée
pour être placée devant les murs de Strasbourg,
on la forçait du moins à faire, sur place, les
fascines et les gabions qui étaient employés au
siége. Tout en augmentant ses chances de succès, l'homme étrange qui dirigeait les travaux du
siége, et dont le nom figurera un jour parmi les
plus infâmes dont l'histoire fasse mention, espérait évidemment paralyser les efforts de ses
adversaires et les désarmer en leur montrant
dans les lignes qu'ils devaient foudroyer, des
compatriotes qu'ils risquaient d'atteindre, en
les forçant, s'ils tenaient à continuer la lutte,
de tirer sur leurs amis, sur leurs frères, sur
leurs pères. On serait tenté de douter d'un pareil raffinement de cruauté, inconnu dans les
annales des peuples les plus barbares, et nous
hésiterions à le raconter, s'il ne nous avait
été attesté par de nombreuses correspondan-

ces, et si les Prussiens eux-mêmes ne l'avaient avoué [1].

Une seule fois le général de Werder prouva que tout sentiment d'humanité n'était pas éteint dans son cœur. Dès le commencement du siége, il se trouva que la ville n'était pas suffisamment munie de médicaments pour le traitement des nombreux blessés qui s'accumulaient dans la ville. On s'était même vu dans la nécessité de faire la plupart des opérations sans le secours du chloroforme; on manquait également de quinine pour combattre la fièvre qui menaçait d'emporter un grand nombre de malades. Le pasteur Schillinger s'était chargé de tenter d'introduire ces médicaments indispensables. Il

1. Voir des extraits de lettres d'Alsace insérés par nous dans le numéro du *Temps* du 28 août, et, dans ce même numéro, un extrait d'une correspondance adressée, à la date du 20 août, à la *Gazette* d'Augsbourg. Le fait est confirmé, en outre, dans une dépêche adressée, le 21 août, par le sous-préfet de Schlestadt au ministre de l'intérieur, et publiée dans le 15° fascicule des Papiers et Correspondances de la famille impériale.

avait obtenu de traverser les lignes prussiennes,
avait fait à Paris un approvisionnement assez
considérable, renfermé dans quatre caisses, et
était revenu le 20 à Mulhouse, sans avoir été
inquiété. Lui accorderait-on l'autorisation de
rentrer dans Strasbourg? L'ennemi ne se repen-
tirait-il pas d'un premier bon mouvement?
M. Doll, membre du Comité de secours pour
les blessés de Mulhouse, offrit au pasteur
Schillinger de l'accompagner à travers les lignes
ennemies, dans l'espoir que sa qualité d'ancien
consul de Bade, de Bavière et de Wurtemberg
lui rendrait le passage plus facile. M. Doll fut,
en effet, assez heureux pour pénétrer, avec son
compagnon de voyage, jusqu'au quartier général prussien, mais ce ne fut qu'après de longues
et difficiles démarches, après des pourparlers
pénibles, qu'il obtint que M. Schillinger pût
rentrer dans la forteresse, sous la protection
d'un parlementaire.

M. Doll avait, en outre, appris que plusieurs
médecins civils, entre autres les chirurgiens Sé-

dillot et Boeckel, qui s'étaient rendus à Haguenau pour y soigner les blessés des deux nations qui y avaient été transportés après les batailles de Wissembourg et de Reichshoffen, se trouvaient empêchés de rentrer dans Strasbourg. Il exposa au général de Werder la situation de ces hommes, qui avaient donné leurs soins avec un égal dévouement aux blessés prussiens et aux blessés français, et il insista surtout sur ce point que leur demande avait pour but unique d'obtenir de pouvoir continuer, au milieu de leurs concitoyens, une œuvre qui ne pouvait compromettre, en aucun cas, les intérêts de l'attaque. Ce ne fut pas sans peine que le général se laissa arracher cette concession. Il se promettait bien d'ailleurs de la racheter par un redoublement de rigueur et d'énergie.

Les grosses pièces de siége, qu'on faisait transporter à Seltz, sur la rive française, par un pont de bateaux jeté sur le Rhin, étaient arrivées vers le 20 du mois d'août; le général de Werder était donc en mesure d'exécuter le

plan perfide qu'il avait formé. Cependant, avant
de recourir aux moyens les plus violents, il essaya de prendre la place par le découragement.
Faisant allusion, sans doute, à la bataille de
Gravelotte et aux autres combats que le maréchal Bazaine avait livrés pour se dégager, il fit
dire au général Uhrich que l'armée impériale
avait été entièrement battue le 18, et il lui offrit
de faire vérifier le fait par trois officiers qui re-
cevraient un sauf-conduit. Le général Uhrich
refusa, bien résolu à s'ensevelir, au besoin,
sous les ruines de la ville dont le commandement lui avait été confié. « J'ai une faible garnison, écrivait-il au ministre de la guerre en lui
faisant connaître sa détermination, mais j'ai
beaucoup d'officiers énergiques. *Ce que des
hommes de cœur peuvent faire, nous le ferons.* »

Aussitôt qu'il connut cette fière réponse,
M. de Werder fit ouvrir le feu contre les maisons
et les monuments de la ville, en donnant l'ordre le plus formel d'épargner les remparts. Il
voulait atteindre la population civile, et il la

frappa en effet sans pitié, dans l'espoir qu'af-
folée de terreur, elle désarmerait le commandant
de la place et le forcerait de capituler. De plus,
fidèle à la tactique prussienne, qui consiste
à frapper par surprise, et dans l'ombre, il
donna l'ordre à ses troupes de bombarder la
ville de préférence la nuit, et de se tenir, le
jour, à l'abri derrière les collines de Hausbergen. Il y avait à cela un double avantage : on
se garantissait contre l'ennemi qui, malgré
toute son habileté, ne pouvait vous atteindre,
et du même coup, en l'accablant la nuit, on di-
minuait les chances qu'il avait de se préserver
lui-même, on augmentait l'horreur des épreuves auxquelles on le soumettait, on se croyait
sûr de l'amener en peu de jours, en peu d'heures, à se rendre à merci.

Ce raisonnement, tout à la fois grossier et
habile, prouvait que si le général connaissait
les avantages d'une position qui lui permettait
de rester invisible et insaisissable, et de combattre de la façon la moins chevaleresque du

monde, il ignorait complétement les instincts
les plus profonds du cœur humain, et la résolution héroïque dont le vrai patriotisme est capable. Plus sa lâcheté était grande, plus le mépris devait donner de force à ses victimes.
L'attitude des Strasbourgeois allait le confondre, l'humilier, en lui donnant le spectacle d'un
courage plus tenace encore et plus ferme que sa
propre insensibilité.

Donc, le 20, dans la nuit, les boulets rouges
et les bombes à pétrole commencèrent à tomber sur la ville comme grêle, et les jours suivants le feu continua avec la même intensité.
En peu de temps se trouva accomplie une œuvre qui couvrira à jamais d'opprobre le nom du
général de Werder et de ceux dont il ne faisait
qu'exécuter le plan.

Tout d'abord le faubourg de Saverne et le
marais Kageneck, quartier situé entre ce faubourg et le faubourg National, furent réduits
en cendres. Puis ce fut le tour du faubourg de
Pierre En même temps que les batteries éta-

blies derrière les collines de Hausbergen détruisaient les quartiers de l'ouest et du nord-
ouest, celles qui se trouvaient en position au sud
et au nord de Kehl dirigeaient leurs coups vers
l'est et le centre de la ville. D'immenses colonnes de feu s'élevaient de ce vaste brasier, pro-
jetant au loin leurs sinistres lueurs sur les plaines terrifiées de l'Alsace. Par moments, on
voyait la fumée se coucher sur toute la ville en
brume épaisse, et l'envelopper comme d'un lin-
ceul lugubre, d'une atmosphère de mort. Les
habitants de la plaine et des montagnes as-
sistaient de loin, la rage et la douleur dans le
cœur, mais impuissants et désarmés, à cet horrible et funèbre spectacle.

Mais ce n'était pas seulement des centaines
d'habitations qui se trouvaient anéanties. Les
Prussiens avaient fait un coup de maître, auprès duquel tous leurs autres exploits devaient
pâlir.

En une nuit, celle du 24, ils avaient gravement endommagé la cathédrale, réduit en

cendres le gymnase protestant transformé en
infirmerie, l'église du Temple-Neuf, la bibliothèque de la ville, contiguë à cette église, et
mis le feu à l'hôpital civil. Ils ne s'étaient pas
laissé arrêter par le drapeau blanc qui flottait sur la plupart de ces édifices, à une telle
hauteur qu'on pouvait l'apercevoir à quelques
lieues de distance. Ils avaient systématique-
ment foulé aux pieds les premières règles du
droit des gens, et du premier coup ils avaient
dépassé tout ce que l'imagination la plus féroce
eût inventé. Dans une même heure, ils avaient
incendié une bibliothèque, un hôpital, une
église : c'est ainsi que les fils de la noble et
philosophique Allemagne, en proie à un incon-
cevable délire, réalisaient la promesse qu'ils
avaient faite solennellement et à la face de
l'Europe, lors de leur entrée en Alsace, de respecter partout et de faire respecter sur leur passage, la religion, l'humanité et la civilisation [1].

1. Voir la proclamation du général Beyer, dans le *Temps.*

On voudrait mettre cette destruction sur le compte du hasard ou de l'ignorance où étaient les Prussiens de la valeur des trésors dont ils privaient non-seulement la France, mais le monde entier. La connaissance exacte qu'ils avaient des localités, le nombre des projectiles, la durée du bombardement, l'habileté du tir, les laissent sans excuse. Des efforts prodigieux avaient été faits pour sauver au moins quelques-uns des manuscrits et des imprimés les plus précieux de la bibliothèque. Les canons ennemis concentraient leurs feux sur les mêmes points avec une précision qui indiquait des intentions bien arrêtées et qui défiait l'énergie désespérée avec laquelle les habitants essayaient de sauver ces inestimables richesses. Consternés tour à tour et bondissant d'indignation, les Strasbourgeois voyaient s'abîmer dans les flammes ces trésors lentement accumulés par les siècles, et qu'aucune science humaine, aucune puissance ne saurait ni remplacer ni ressusciter.

Sur la place de la Cathédrale, même conster-
nation de la foule et même impuissance ! Des
obus, dirigés avec une précision effrayante,
avaient mis le feu à la charpente de bois qui
de l'emplacement de l'ancien télégraphe allait
jusqu'à la nef. Cette charpente, recouverte de
zinc, s'était enflammée tout d'une pièce et la
flamme s'était bientôt élevée jusqu'à la plate-
forme.

Rien ne saurait traduire l'horreur du tableau
qui se présenta alors à la ville épouvantée. Le
crieur, affolé de terreur, jetant d'une voix lugubre dans la ville épouvantée ce cri d'alarme :
« A la cathédrale ! le feu est à la cathédrale ! »
la foule accourant au mépris du danger, pour
rester impuissante devant cet incendie gigantesque; une flamme blanche, la flamme du
zinc, tourbillonnant autour de la pierre, et
grimpant jusqu'à la flèche : l'imagination,
aussi bien que la plume, se refuse à exprimer
des scènes de ce genre.

A l'hôpital, des scènes plus cruelles encore

et plus affligeantes avaient eu lieu sous l'effet des calculs du général de Werder. Un obus avait pénétré et éclaté dans la salle des accouchées. On avait vu alors un spectacle horrible : des malades se traîner hors de leur lit et chercher leur salut dans une fuite que leur état leur rendait impossible ou mortel, et des amputés eux-mêmes se rouler dans les couloirs pour se mettre à l'abri.

Au Gymnase, converti en ambulance, l'on avait été contraint de déménager les blessés à la lueur de l'incendie, sous une grêle d'obus, et des scènes semblables s'étaient produites.

Le bombardement continua les jours suivants. Aux ruines qui déjà couvraient la ville venaient s'en ajouter d'autres qui plongeaient des centaines de familles dans la misère et le deuil. Nombre de maisons du quai des Bateliers, de la Grand'Rue, de la rue des Hallebardes, les plus belles rues, celle du Dôme, celle de la Nuée Bleue, celle de la Mésange, un des quar-

tiers les plus populeux du nord-est, celui de la
Krutenau, l'Aubette, qui couvrait à elle seule
un des côtés de la place Kléber, le plus beau
quartier de la ville, la place du Broglie, l'arsenal enfin, avaient été détruits. Avec l'Aubette,
avait péri le musée d'art qui y avait été établi
quelques années auparavant, et en même temps
le feu avait été communiqué à l'hôtel de la
préfecture et à l'hôtel de la mairie. Les habitants n'avaient réussi à sauver les précieuses archives renfermées dans ce dernier hôtel qu'en les répandant dans la rue. Les
statues de Gutemberg et de Kléber avaient été
endommagées, l'église de Saint-Thomas, qui
renferme le superbe mausolée de Maurice de
Saxe, avait été atteinte par plusieurs projectiles,
la nef de la cathédrale s'était effondrée sous le
poids des bombes. Un grand nombre de personnes avaient péri : la ville n'était plus qu'un
monceau de décombres et de cadavres.

Pendant ce temps aucun des défenseurs de
la place n'avait été tué à son poste aux rem-

parts : les murs, les palissades, les portes des fortifications étaient restés intacts, attestant le sinistre dessein, le perfide calcul de l'ennemi.

Le général Uhrich, désireux d'épargner ces horreurs à la population, avait dès le commencement du bombardement envoyé le capitaine Rœderer en parlementaire auprès du commandant des troupes prussiennes, pour lui demander l'autorisation de faire sortir les femmes et les enfants. Il ignorait que c'était là la proie prédestinée aux coups des soldats de M. de Werder, et qu'il avait affaire à un homme inaccessible à tout sentiment moral, une fois que la consigne avait parlé. M. de Werder répondit avec cynisme, à la demande qui lui était présentée, que, les femmes et les enfants sauvés, la place pourrait bien ne pas se rendre, et que la présence de ces êtres faibles dans la ville en flammes était nécessaire pour lui en ouvrir plus vite les portes. Même réponse fut faite à monseigneur Raess, l'évêque de Strasbourg, qui,

en invoquant la religion, crut pouvoir attendrir
cet homme de fer, et qui, se présentant devant lui revêtu de ses ornements pontificaux,
le supplia au nom de Dieu lui-même d'épargner la population civile, et de ne tirer que sur
les remparts et la citadelle. Le roi Guillaume,
qui s'était soumis une fois pour toutes avec
une pieuse résignation aux desseins providen-
tiels dont il n'était que l'humble et docile instrument, et qui se fortifiait dans sa résignation par la prière, avait, paraît-il, donné des
ordres sévères pour que ces desseins fussent
accomplis. Le général de Werder dit à l'évêque qu'on ne lui accordait pas le temps de
faire le siége de la ville, et qu'on lui avait
ordonné de là prendre par la terreur. L'évêque,
confondu, brisé, dut annoncer l'inflexible volonté du général à la population épouvantée.
Quelques jours après, il mourait, succombant
sous le poids de douleurs et de chagrins auxquels il ne pouvait remédier.

Mais si l'épouvante était grande dans la

ville, plus grand encore était le courage de la garnison et des habitants, plus ferme le commun espoir en une prochaine délivrance.

Quoique l'incendie de l'arsenal eût détruit une partie des moyens de défense en brûlant les fusées, le général Uhrich avait déclaré qu'il ne capitulerait que lorsqu'il aurait brûlé sa dernière cartouche, et la population l'encourageait dans cette inébranlable résolution. « Nous aimons mieux nous ensevelir sous les ruines de notre ville, disait-elle, que de nous rendre. »

Le jour, les Strasbourgeois le passaient dans le rez-de-chaussée des maisons qui ne s'étaient point écroulées, derrière des fenêtres barricadées avec des matelas, et la nuit, ils se réfugiaient, depuis le 19, dans des caves toujours humides par suite du grand nombre de cours d'eaux qui traversent ou entourent la ville. Dans ces sombres refuges les gémissements lugubres des malades se mêlaient aux exclamations de frayeur des femmes, aux cris des enfants, aux crépitations des flammes sans cesse attisées par les projectiles ennemis, aux sourdes détonations qui indiquaient que l'œuvre de destruction était poursuivie sans trêve ni relâche.

De temps en temps, quand un moment de répit était accordé aux assiégés, on les voyait monter au faîte des édifices qui étaient restés debout, et sonder l'horizon d'un œil inquiet, dans l'espoir de voir enfin approcher cette armée française, cette armée de frères qui ne pouvait manquer d'accourir à leur secours. A plusieurs reprises ils crurent voir se dessiner au loin des mouvements de troupes amies, et alors on les entendait saluer de loin ces libérateurs si longtemps attendus, et jeter vers le ciel ce cri déchirant, cri d'espoir et d'angoisse : « Vive l'armée! vive la France! »

II

LES ALSACIENS A PARIS.

MM. Keller et Tachard, députés du Haut-Rhin, somment
le gouvernement d'armer la population alsacienne. —
Réunion des Alsaciens à l'Alcazar. — M. Jules Favre
est chargé de porter leur protestation à la tribune du
Corps législatif. — Le comité alsacien, en permanence,
réunit des secours, et arme un corps de francs-tireurs. —
Manifestations de la population parisienne devant la
statue de Strasbourg. — Nouvelle réunion des Alsaciens à l'Alcazar. — Discours de M. L. Ratisbonne. —
Départ des francs-tireurs.

La France, pendant ce temps, faisait de
stériles efforts pour forcer la victoire. Après
de sanglants combats, nos armées, séparées
en deux tronçons, essayaient en vain de se

rejoindre. L'homme sinistre qui, malgré les
dénégations que ses ministres donnaient au
pays du haut de la tribune des deux Chambres,
avait conservé le commandement suprême, com-
promettait de jour en jour plus gravement les
intérêts de la patrie pour sauver ses intérêts per-
sonnels. La capitale s'était émue de l'abandon
incompréhensible où on laissait Strasbourg, le
boulevard de la France de l'est; mais, conser-
vant un reste de confiance dans les forces du
pays, et ne se doutant pas encore de toute la
profondeur du gouffre qui les avait englouties,
elle espérait qu'une armée allait recevoir la
mission de dégager la province envahie et la
ville à moitié détruite, et que le silence du
gouvernement couvrait des mouvements de
troupes déjà commencés et qu'il eût été impru-
dent de révéler au public. Cette confiance
était entretenue par des indications mysté-
rieuses que le ministre de la guerre donnait
sous le sceau du secret aux députés qui le
pressaient.

Cependant, les jours s'écoulaient, augmentant nos angoisses, nous apportant, l'un après l'autre, de nouveaux bruits lugubres de la guerre, de l'invasion qui, semblable à une lave vivante, couvrait de plus en plus le sol de la patrie. De vagues pressentiments sur le petit nombre de troupes qui avaient été mises sur pied, et sur la nécessité qui s'imposait à la haute direction militaire de les concentrer sur des points éloignés de Strasbourg, commencèrent à se faire jour dans beaucoup d'esprits. Les Strasbourgeois et les Alsaciens comprirent qu'il fallait prévenir le gouvernement, le stimuler, au lieu de tout attendre de lui, et ils se dirent que le moment d'agir était venu pour tous.

Dès le 14 août, alors que Strasbourg n'était encore qu'investi, et que l'issue de la campagne pouvait encore paraître douteuse, un Alsacien, M. Mahler, avait adressé, par l'entremise du *Temps*, l'appel suivant à ses concitoyens :

A MES COMPATRIOTES ALSACIENS.

« Strasbourg est menacé!

« Laisserons-nous mourir nos frères sans venir à leur secours? Si l'on ne peut nous donner des armes immédiatement, achetons-en et volons à leur aide. Il n'y a pas une minute à perdre. Organisons-nous. Il ne manque pas d'anciens militaires alsaciens à Paris pour se mettre à notre tête.

« Qu'un comité se forme. Je mets à sa disposition 1000 francs pour subvenir aux premiers frais. »

Dans la séance du Corps législatif du 31 août, M. Keller, député du Haut-Rhin, communiquait à la Chambre et au pays tout entier de douloureux détails sur le bombardement de Strasbourg. En même temps qu'il dénonçait la conduite des Prussiens à l'indignation de l'Europe civilisée, il demandait que la Chambre déclarât par un vote immédiat et unanime que l'héroïque population de Strasbourg avait bien mérité de la patrie, et que la ville de Strasbourg ne cesserait d'être française. A ces mots toute la Chambre s'était levée dans un même élan, et un député s'écriait, emporté par un mouvement que se . parti allait démentir quelques minutes après par son attitude glacée : « Quand nous devrions mourir jusqu'au dernier homme, Strasbourg restera à la France. »

Le député du Haut-Rhin finit en adjurant le gouvernement de donner des armes à la population de l'Alsace, frémis nte de rage de ne pouvoir se défendre contre les impitoyables réquisitions, contre la brutalité sauvage d'ennemis qui obligeaient des frères à se battre contre des frères, des Français à construire des travaux dirigés contre une ville française. Il signalait à la Chambre ce fait incroyable, mais, hélas! trop certain, que d'anciens militaires qui avaient voulu rejoindre leurs drapeaux s'en étaient vu refuser les moyens par

l'autorité supérieure, et il sommait le gouvernement d'encourager le mouvement patriotique
de la population. Les ministres présents répondirent par des promesses dilatoires, par des
phrases où se trahissaient leurs craintes et leur
embarras. En vain M. Tachard s'écriait-il que
dans la cour du palais stationnaient des citoyens
de Strasbourg attendant avec anxiété une réponse favorable du gouvernement et brûlant
d'impatience d'apporter à leurs frères l'annonce
de secours prochains : le gouvernement se défiait des citoyens plus encore que de l'ennemi;
l'un des ministres répondit que ses collègues
étaient occupés à des travaux plus urgents, que
la discussion devait être remise. En vain encore,
M. Gambetta lançait aux ministres et aux députés cette sanglante apostrophe : « Il s'agirait de
faire au péril public au moins cet honneur de
vous retirer dans vos bureaux! » Les députés,
instruments de ceux qui les avaient imposés au
pays, comprenant le signe de leurs maîtres, se
courbèrent devant leur désir, et la demande

de M. Keller se trouva noyée sous toutes sortes
de difficultés statutaires. La vie des citoyens
était moins précieuse, aux yeux de cette Chambre, que des règlements!

A bout de patience, les Alsaciens présents à
Paris reprirent l'idée émise publiquement par
l'un d'entre eux et partagée par beaucoup
d'entre nous. Le jour même ou le gouvernement
opposait un refus détourné à la demande des
députés alsaciens, parut dans le *Temps* une invitation, adressée à tous nos compatriotes, à se
réunir le lendemain pour adopter et signer une
protestation contre les horreurs injustifiables du
bombardement de Strasbourg par les Prussiens,
contre le refus du gouvernement d'armer la
garde nationale de l'Alsace dans les localités non
atteintes par l'invasion, et en même temps
pour prendre des mesures à l'effet de secourir,
autant que possible, nos malheureux compatriotes. Cet appel était signé de MM. Tachard,
député du Haut-Rhin; Schœlcher, ancien re-

présentant du peuple; Engelhard, avocat à
Strasbourg; Reeb, brasseur à Kœnigshoffen,
près Strasbourg; Bruckner, ancien représentant
du Bas-Rhin; Valentin, ancien représentant
du Bas-Rhin; Seinguerlet, rédacteur de l'*A-
venir national*; Puthod, avocat à Paris; Hetzel,
éditeur à Paris; Alfred Marchand, rédacteur
du *Temps*.

Plus de 2000 de nos compatriotes répondirent
à l'invitation.

La démonstration qu'ils firent à l'Alcazar eut
un double caractère bien prononcé : celui du
patriotisme le plus ardent, et de la haine la
plus vigoureuse contre le régime antilibéral qui
gouvernait la France[1].

M. Tachard ayant proposé de conférer la
présidence de la réunion à M. Schœlcher, celui-
ci fut nommé par acclamation.

Il exposa en termes chaleureux le but de l'as-

1. Voir la relation complète de cette réunion dans le
Temps du 2 septembre.

semblée, et provoqua les applaudissements les plus énergiques des assistants en flétrissant l'abandon où le gouvernement laissait l'Alsace, et son refus systématique de mettre les populations en demeure de se défendre elles-mêmes. M. l'avocat Hemerdinger ayant demandé que M. Tachard portât à la tribune la demande d'un envoi d'urgence de corps destinés à porter secours à Strasbourg, M. Engelhard donna lecture du projet de pétition suivant, qui serait soumis à la Chambre :

PROTESTATION DES ALSACIENS.

« Les Alsaciens présents à Paris protestent contre les cruautés dont Strasbourg est la glorieuse victime.

« Faire pleuvoir les boulets rouges et les bombes à pétrole sur une ville de près de 100,000 habitants, incendier les propriétés privées, détruire les cathédrales, les bibliothèques et les musées, refuser de laisser sortir d'une place assiégée les femmes et les enfants, forcer des hommes à travailler aux tranchées ouvertes contre leurs compatriotes, ce sont là des violations odieuses des lois de la guerre qu'il faut dénoncer à l'indignation du monde civilisé.

« Ils protestent également contre le refus de l'autorité militaire d'armer les gardes nationales de l'Alsace dans les localités non encore atteintes par l'invasion.

« Ils demandent que le Corps législatif ne se borne pas à décréter que Strasbourg a bien mérité de la patrie, mais qu'il se prononce énergiquement sur l'urgence d'envoyer des secours en Alsace, pour empêcher la ruine complète et la reddition d'une place forte qui constitue le principal boulevard de la France. »

Cette protestation fut accueillie par une manifestation ardente et unanime de l'assemblée. M. Mirès ayant déclaré que tous les Parisiens, que tous les Français s'y associaient, M. Louis Ratisbonne prononça avec émotion ces belles paroles : « Strasbourg a bien mérité de la patrie ; que la France, à son tour, mérite bien de Strasbourg et de l'Alsace! »

M. Dreyfuss proposa ensuite d'ouvrir une souscription qui permît d'acheter des armes et de les envoyer à la population sans défense, si le gouvernement persistait à ne pas lui en envoyer. Cette proposition, acclamée avec chaleur, fut aussitôt mise à exécution.

M. Tachard ayant prié l'assemblée de charger M. Jules Favre, le représentant le plus éloquent de la démocratie française, de prendre en mains la cause de l'Alsace, sur la proposition du président, la réunion nomma douze délégués chargés de porter la protestation à M. Jules Favre, afin que, le jour même, ce député en donnât connaissance au Corps législatif.

Les délégués nommés furent :

MM. Tachard, Schœlcher, Valentin, Engelhard, Reeb, Siebecker, Erckmann, Dreyfuss, Ratisbonne, Seinguerlet, Puthod, Marchand.

Les Parisiens présents à l'assemblée ayant de-

mandé à appuyer cette démarche, l'assemblée
chargea MM. Étienne Arago et Brisson de se
'joindre à la délégation.

M. Étienne Arago glorifia l'Alsace au nom
du Midi de la France. M. Brisson proposa que
la réunion de l'Alcazar déclarât nul d'avance
tout traité qui céderait à l'ennemi un pouce du
territoire français. Des bravos frénétiques répondirent à cette motion. La même manifestation accueillit quelques paroles prononcées par
le président pour la clôture.

On avait proposé de porter la protestation
non-seulement au Corps législatif, mais encore
au ministère de la guerre. « Je crois répondre,
dit M. Schœlcher, au sentiment de l'assemblée
et de nos frères de Strasbourg, en demandant
qu'on ne s'adresse pas au gouvernement, sur qui
retombent les effroyables épreuves auxquelles
l'Alsace est soumise, et qu'on se borne à faire
un appel à la Chambre. » Une triple salve d'applaudissements témoigna de l'approbation de la
réunion.

L'assemblée, avant de se séparer, autorisa le comité à convoquer une nouvelle réunion, qui prendrait au besoin de nouvelles résolutions.

Enfin, la bannière de Strasbourg fut amenée à la tribune, et le président demanda trois vivats en l'honneur de l'héroïque ville. A ce moment, une émotion indescriptible s'empara de l'assemblée, émotion où l'amour le plus sincère de la France se mêlait à l'enthousiasme que provoquait la résistance héroïque de Strasbourg, et à la douloureuse sympathie que nous éprouvions pour les souffrances de ses enfants.

L'assemblée se sépara en acclamant également Phalsbourg, Wissembourg et Toul.

M. Jules Favre accueillit notre demande avec une sympathie douloureuse et empressée. Il la porta à la tribune, et l'accompagna de quelques paroles éloquentes qu'il termina ainsi : « La population de Strasbourg, quand elle sort des caves et des égouts où elle s'est abritée contre les Prussiens, lève ses mains vers la France dont elle ne veut pas se séparer, à laquelle elle de-

mande et dont elle espère des secours. Il ne
faut pas, non, il ne faut pas que cet espoir soit
trompé. Il faut que la France use de tous les
moyens pour défendre cette ville. Il faut que
la France se montre digne de Strasbourg. »

Tandis que la gauche applaudit vigoureusement ces paroles, la droite, qui avait voulu la
guerre, se montra, par ordre supérieur, insen-
sible à l'appel déchirant que leur adressaient
leurs victimes par la bouche du député de Paris.
Cette attitude, qui révélait l'impuissance et l'in-
curie du gouvernement, nous détermina à
adresser, le lendemain, cet appel à nos compatriotes : « Voilà donc nos compatriotes avertis.
Nous sommes livrés à nous-mêmes pour chercher à secourir nos mères, nos femmes et nos
enfants enfermés dans les caves de Strasbourg,
et pour essayer d'envoyer à la population alsacienne une partie au moins des armes dont elle
a besoin pour prolonger sa résistance. Que tous
répondent à l'appel qui leur a été adressé hier
et que nous réitérons! Envoyons, sans retard,

tout ce que nous pouvons, en fait d'armes et de
secours. »

Cet appel fut entendu. Tandis que les uns re-
joignaient l'armée qui, sur les frontières du
nord-est, devait dégager la France par une écla-
tante victoire [1], les autres portaient rapidement
la souscription à une somme considérable. Quelques-uns prenaient sur leurs épargnes les plus
nécessaires, l'on en vit même qui vendirent des
bijoux et d'autres objets précieux qui leur avaient
été offerts à des époques solennelles de leur vie,
pour donner à leurs frères et amis un témoignage irrécusable de leur attachement. Unis
dans la joie, nous voulions rester unis avec les
nôtres dans la douleur et les sacrifices. Le comité s'était, de son côté, déclaré en permanence, et quoique, après le quatre septembre, la
plupart de ses membres eussent été éloignés par

1. Qu'il nous soit permis de citer parmi ces volontaires notre ami et ancien maître M. Kniff, professeur au collége Chaptal.

5.

des services publics, il n'interrompit pas un jour
ses travaux, consacrés surtout à l'organisation
d'un corps de francs-tireurs destinés à renforcer
la défense de l'Alsace. L'exemple donné par le
comité trouva des imitateurs au Havre, où vers
le milieu du mois de septembre fut fondé un comité auxiliaire dû à l'initiative de M. Reeb. La
population de Paris s'associait à nos efforts et à
notre douleur en prenant part à notre souscription, en enrôlant plusieurs de ses enfants parmi
nos volontaires, en se livrant à d'incessantes et
touchantes manifestations devant la statue de la
ville de Strasbourg élevée sur la place de la
Concorde.

Dès le commencement du bombardement,
cette statue avait été ornée de fleurs et de drapeaux. Ces signes d'admiration reconnaissante
devinrent plus fréquents à la fin du mois, lorsqu'on apprit avec quelle fermeté la capitale de
l'Alsace supportait les horreurs du siége, et soutenait au milieu de l'universel naufrage l'honneur de la France. L'attitude de la ville, et

l'indignation que soulevait l'abandon où la laissait le gouvernement, contribuèrent certaine-
ment à hâter l'explosion de la révolution.

Lorsque l'Empire se fut effondré sous le
poids de ses fautes, et que l'avénement de la
République laissa au pays toute liberté d'exprimer ses sentiments, les manifestations enthou-
siastes se succédèrent sans fin devant la statue de
Strasbourg. On y établit un livre d'honneur, où
les membres du gouvernement de la République, et après eux des milliers de citoyens, vinrent inscrire leur nom en témoignage de sympathie et de reconnaissance. Trois cents habitants
de Fécamp s'associèrent à ces démonstrations,
en nous envoyant une adresse couverte de signa-
tures qui, dans leur pensée, devaient être inscri-
tes au livre d'or de Strasbourg. Tous les jours,
des bataillons entiers se portaient, le fusil orné
de fleurs, devant la pâle mais fière image, et
écoutaient avec un recueillement saisissant les
paroles ardentes qui proposaient Strasbourg en
exemple à Paris. La population entière de la ca-

pitale inaugurait devant la poétique effigie le
culte, la religion de l'honneur et du patriotisme;
elle venait retremper son courage et se promet-
tre à elle-même de s'inspirer de la vaillante
attitude des enfants de l'Alsace.

Le 21 septembre, le Comité avait terminé ses
travaux et il en rendait compte à une nouvelle réunion convoquée à l'Alcazar. Plus de
40 000 francs avaient été réunis, dont 18 000
avaient été employés à l'armement et à l'équi-
pement d'un corps de francs-tireurs composé de
103 hommes; 6000 francs avaient été expédiés à
Berne pour être distribués par les soins du
Comité de cette ville aux Alsaciens pauvres qui
auraient pu s'y réfugier; la somme de 20 000 fr.
allait être expédiée et employée au même
usage.

Au moment de la séparation, notre président, M. Schœlcher, adressa à nos compatriotes
une allocution où il les exhortait éloquemment à
lutter en hommes libres, décidés à sauvegarder
l'unité de la patrie, et à se montrer les dignes

fils de Strasbourg, de cette ville qui a mérité une place d'honneur dans les annales de la grandeur et du civisme.

M. Louis Ratisbonne termina la séance par un discours qui communiqua à l'assemblée une émotion indescriptible.

« Citoyens, dit-il, à votre dernière assemblée, en réponse à une stérile acclamation du défunt Corps législatif qui s'était levé pour déclarer que Strasbourg avait bien mérité de la patrie et qui s'était rassis sans rien faire, j'opposai ce vœu que Paris et la France méritassent bien aussi de Strasbourg en venant à son secours et en se montrant résolus à l'imiter.

« Le gouvernement d'alors avait promis à quelques-uns d'entre nous des troupes pour débloquer Strasbourg; mais où étaient ces troupes? Et pourtant notre vœu patriotique a été en quelque manière exaucé. Notre digne président vient de nous dire ce qu'avec votre concours a pu faire notre comité : envoi de combattants ar-

més, secours aux veuves et aux orphelins. Lais-
sez-moi vous dire ce qu'a fait pour Strasbourg
Paris tout entier. Il y a des secours qui, pour
n'être pas matériels, n'en sont pas moins effec-
tifs.

« D'abord, à l'acclamation pour Strasbourg
de ces députés qui avaient aussi acclamé une
guerre néfaste, Paris a substitué la reconnaissance populaire et le culte le plus touchant. Sur
la place de la Concorde, au pied de la statue de
Strasbourg, Paris semble avoir voulu inaugurer
une religion nouvelle, les rites du patriotisme
et de l'honneur. Il fait ses dévotions devant
cette effigie de l'héroïsme, du dévouement, de la
résistance ; il vient, sur cette pierre du sacrifice,
aiguiser son courage, fortifier ses propres résolutions, il y apporte des fleurs et des couronnes,
il crie — et Strasbourg l'entend — vive Strasbourg, c'est-à-dire vive la patrie !

« Ce n'est pas tout, Paris est venu encore
autrement au secours de Strasbourg. Quelque
chose devait attrister, sinon refroidir l'enthou-

siasme de la cite guerrière. On se disait : C'est pour la France que nous luttons, oui, mais une dynastie, et la plus coupable des dynasties, un homme, l'homme qui nous a été si funeste, profitera peut-être encore de ces sacrifices, et le spectre blafard de l'Empire s'interposait entre l'image rayonnante de la patrie et ses défenseurs. Eh bien! Paris a dissipé le spectre. Un souffle a passé dans l'air, un cri a traversé la France, percé les lignes ennemies qui entourent Strasbourg. Il s'est répercuté dans la ville bombardée, et les forces agonisantes de Strasbourg se sont ravivées à ce cri : Vive la République! (Applaudissements et cris de : Vive la République!)

« Et maintenant plus que jamais, quand la France ne combat plus que pour la France, Strasbourg comme Phalsbourg, et Bitche, et Verdun, et Toul, et Thionville, jurent de ne jamais se rendre, et nous plus que jamais nous jurons de ne jamais les abandonner. Citoyens, vous le savez, on n'a pas besoin d'être de grands politi-

ques, il suffit d'être patriotes pour comprendre
cela : la France, en tout temps, sans l'Alsace et
la Lorraine, c'est. la Guienne et l'Aquitaine, ce
n'est plus la France. Mais aujourd'hui, après ce
que Strasbourg a fait et après ce que l'ennemi
lui a fait, on dirait à la France : Veux-tu la
paix? donne-nous Strasbourg; l'enfant que tu
chéris le plus aujourd'hui, puisqu'il est le plus
héroïque et le plus malheureux, l'enfant qui sai-
gne pour toi, qui s'est immolé pour toi, donne-
nous-le, toi la mère, et tu auras la paix et nous
te laisserons tranquille! Allons donc! Jamais!
jamais! (L'assemblée, électrisée, s'écrie : Jamais!
jamais!)

« La France et Strasbourg répondent en se
serrant d'une étreinte invincible : séparez les
morceaux, ils se rejoindront! Si la ville suc-
combe, si le canon Krupp fait brèche, eh bien!
tout ne sera pas dit. L'habitant, tout ce qui reste
de nos amis, de nos chers parents, émigrera en
masse et montrera au roi Guillaume si les Français d'Alsace sont un bétail qu'on peut faire en-

trer de force dans les parcs prussiens! (Bravo! bravo!)

« Voilà donc les forces morales que Paris a données à toutes ces nobles villes qui luttent; et maintenant, citoyens, c'est le tour de Paris lui-même. Il va lutter pour toute la France. Il sera, par son courage, à la hauteur de nos malheurs! Serré autour du Gouvernement de la défense nationale, décidé à le défendre contre les tentatives des factions, prêt encore à arrêter humainement l'effusion du sang, si on le peut honorablement, décidé à tout souffrir, à verser tout le sang de ses veines, si la paix ne peut se faire avec honneur, Paris a confiance. (Applaudissements énergiques.)

« Oui, nous avons confiance! Il est profond l'abîme où nous ont plongés nos illusions, nos fautes et d'indignes hommes, mais nous en sortirons, si ce n'est aujourd'hui, ce sera demain. Nous en sortirons régénérés par l'épreuve, plus purs et plus grands. Il n'est pas possible que le noble peuple de France, qui a le premier initié

le monde moderne à la liberté et à la justice,
soit le premier destiné à périr. Non, la France
ne périra pas! Et malheur à qui voudrait l'a-
néantir. »

Des acclamations frénétiques répondirent à
ces paroles vibrantes et enflammées. Elles avaient
trouvé un écho profond dans tous les cœurs.

Le silence s'étant rétabli à grand peine, un
membre de l'assemblée annonça que deux cents
volontaires bretons s'étaient portés au secours
de leurs frères d'Alsace. La réunion, après leur
avoir exprimé un chaleureux vote de remercî-
ment, se dispersa aux cris de : Vive Strasbourg!
vive la France! vive la République!

Les souscriptions continuèrent à affluer pendant quelques jours encore. Nos francs-tireurs
étaient partis le 16 septembre. Le comité leur
avait donné la conduite jusqu'à la place de la
Concorde. Ils avaient tenu à défiler devant la
statue de Strasbourg. Sur tout le passage, les

démonstrations de sympathie les plus vives avaient été faites par la population parisienne à nos volontaires, qui chantaient alternativement des chants patriotiques français et des chants populaires alsaciens[1]. Lorsque le cortège fut arrivé au pied de la statue, M. Schœlcher, le président du comité, adressa au détachement une patriotique et touchante allocution. Un autre membre du comité, M. Seinguerlet, ajouta quelques mots en patois strasbourgeois, rappelant à nos francs-tireurs l'héroïsme des volontaires alsaciens de 93 qui reprirent les fameuses lignes de Wissembourg, et il termina par ces mots : « Comme vos pères l'ont fait, vous apprendrez de nouveau au monde que les Alsaciens, tout en parlant allemand, se battent en bons Français! » Un cri de : Vive la France! retentit sur toute la ligne, puis, sur un ordre du commandant, le détachement s'ébranla

---

1. Nous citerons entre autres le chant bien connu :

O Strassburg! o Strassburg!
Du wunderschoene Stadt,

et se dirigea vers la gare d'embarquement en
chantant :

> O Strassburg ! o Strassburg !
> Du wunderschoene Stadt.

A peine sorti de Paris par la voie d'Orléans,
le train qui les emmenait se vit contraint de
s'arrêter par l'approche de l'ennemi. Nos francs-
tireurs mirent pied à terre et aussitôt ils réali-
sèrent la promesse qu'ils avaient donnée de se
battre « en bons Français ». Ils firent le coup de
feu contre les Prussiens avec un entrain remarquable, et leur tuèrent quelques hommes. Mais
dès cette première rencontre ils payèrent de leur
sang leur amour de la patrie, et ils ramenèrent
à Paris quatre des leurs blessés.

Le lendemain, ils s'éloignèrent par la voie de
Versailles pour rejoindre, par un détour devenu
inévitable, leurs compagnons d'armes de l'Alsace. « Nous nous reverrons peut-être », nous
avait dit en souriant l'un des officiers commandant le détachement, et ces paroles avaient ré-

sonné tristement dans notre cœur comme un adieu lointain que nous adressaient de nombreux amis se débattant là-bas entre la vie et la mort. Nous ne savons combien nous en reverrons de ces braves fils de l'Alsace qui se sont dévoués volontairement au dernier sacrifice par amour de la patrie : nous tenons du moins à conserver leurs noms, non pour l'histoire, qui n'enregistre que les plus brillants, mais pour ceux de leurs parents et amis qui liront cette page, dédiée à leur mémoire.

Le détachement était ainsi composé :

M. Alfred Braun, capitaine commandant.

M. Frédéric Walter, lieutenant.

M. Giraud, sergent-major.

M. Robert Staub, sergent-fourrier.

MM. Mosbach, Charles Fritz, Théophile Lévy, Blain, sergents.

MM. Dick, Kozarski, Imbs, Kuster, Barbe, Acker, François Fischer, Hilt, caporaux.

M. Gustave-Adolphe Bischoff, médecin.

M. Reiss, pharmacien.

MM. Couturier, Albert Lévy, Freuschel,
Groell, Salomon Elias, Hemmerlé, Forest,
Robert Ritter, Herzog, Fischer, Hirn, Barrer,
Renaud, Michel Wetzel, Jacques Wetzel,
Troile, Godard, Graboski, Huck, Greinweiser,
Muller, Straub, Charles, Canuzet, Proffit,
Dreuter, Bastien Fritz, Feldmann, Schindler,
Waltigny, Solary, Louis Decker, Chéron, Char-
tier, Schoetter, Charles Hoffmann, Louis Hoff-
mann, Steyer, Menny, Deroy, Vandergikeht,
Fontaine, Foureur, Keller, Tecaudun, Luc,
Joassin, Legros, Joseph Kuntz, Georges Kuntz,
Royer, Alix, Debouley, Jean, Lézard, Gatier,
Reybaub, Gerber, Zulinski, Pigeon, Sowinski,
Holler, Steffen, Balma, Thninger, François
Fischer, Hergott, Jalkowski, Lamlé, Clément
Lévy, Jacob Lévy, Xavier Stutz, Pétersen,
Woelfflé, Metz, Frichauff, Joseph Decker,
Mann, Michel Ritter, Durry, Victor Lehnher,
Scherrer, Polycarpe Gouillard, Charles Urban,
Yves Letroadic, Charles Dufour, François Gi-
rard, Schmitt.

Parmi ces noms tous ne sont pas Alsaciens; un certain nombre de Parisiens et d'étrangers naturalisés Français avaient demandé comme une faveur d'être admis dans les rangs de nos volontaires, et telle était l'ardeur de nos compatriotes, que nous vîmes verser des larmes amères à plusieurs dont les forces n'égalaient pas le courage, et qui ne renoncèrent que sur nos prières les plus pressantes à ce qui était pour eux plus qu'un devoir, un besoin.

III

FIN DU SIÉGE.

Continuation du bombardement. — Incendie du palais de justice, du musée d'histoire naturelle, de l'hôpital militaire, du théâtre. — Sorties faites par la garnison. — Intervention du Comité suisse. — La proclamation de la République fortifie la résolution de Strasbourg. — La famine se déclare. — Dernière sortie. — Reddition de la place. — État de la ville. — Proclamation du général Uhrich. — Protestations de la population contre les essais de germaniser la ville. — Décret du gouvernement français pour perpétuer le souvenir de la résistance de Strasbourg.

Que devenait Strasbourg pendant cette période funèbre qui s'étend de la fin du mois d'août aux derniers jours de septembre?

Tandis que sur nos champs de bataille s'accumulaient faute sur faute, trahison sur trahison, tandis que le flanc de la France était large ouvert, et que de cette plaie béante s'échappait à flots le plus pur de son sang, tandis que la France agonisait, Strabourg soutenait l'honneur du pays, par une résolution ferme et intelligente, par d'héroïques efforts, par une endurance à toute épreuve.

Le bombardement, qui dans la nuit du 24 août avait acquis le plus haut degré d'intensité, avait été continué avec une fureur presque égale les jours suivants. Les bombes et les obus avaient ravagé le quartier du Finckwiller, la rue du Fort, le quartier des ponts couverts, la maison de correction, l'abattoir, le palais de justice, le musée d'histoire naturelle, un des plus riches de la France, établi dans les bâtiments de l'Académie, l'hôtel du Commerce, charmant édifice de la Renaissance, qui avait servi anciennement d'hôtel de ville.

La Banque de France et le théâtre avaient été

atteints, ainsi que le séminaire catholique et le séminaire protestant, tous deux convertis en ambulances. L'hôpital militaire était devenu également la proie des flammes.

Lorsqu'une maison était en feu, les Prussiens continuaient à y lancer des boulets, pour rendre tout secours illusoire ou impossible. Une partie des habitants qui se trouvaient sans abri, et qui ne trouvaient pas de refuge dans les caves encombrées, s'étaient établis dans les églises non encore détruites. La destruction des habitations continuant, et le nombre des personnes sans abri augmentant sans cesse, un certain nombre de ces malheureux avaient été réduits à se réfugier dans le grand égout, qui, passant sous la place du Broglie, se jette dans le canal près du théâtre, et qui heureusement se trouvait à sec. Ils échappaient à la mort violente, mais s'exposaient à la mort lente et tout au moins aux maladies engendrées par l'humidité et l'infection de ce souterrain. Le général Uhrich avait dû prendre les mêmes précautions que le reste

de la population, et c'est du fond des caves de
l'hôtel de la 6e division militaire qu'il dirigeait
les travaux de la défense. Même pendant les
heures de la journée, où le feu ennemi se ralen-
tissait, on ne circulait dans les rues qu'en s'ex-
posant à de grands dangers; la mort guettait
la population à chaque instant et sous mille
formes. Très-souvent ceux qui avaient cru pouvoir la braver et se dispenser de se réfugier
dans les caves étaient trouvés le lendemain
broyés dans leur lit. Les inhumations ne pou-
vant plus se faire hors ville, les places publiques et le Jardin botanique avaient été convertis en cimetière, et c'est là, dans les rares
instants de répit accordés par les projectiles ennemis, que la population ensevelissait les martyrs du patriotisme et du dévouement. Quelles
scènes de déchirement, sans cesse renouvelées,
durent s'y passer, ceux-là seuls pourront le dire
qui y ont assisté, et qui en ont senti toute l'horreur.

Les journaux locaux, le *Courrier du Bas-*

Rhin et l'*Impartial du Rhin*, continuaient à paraître; mais, ignorant ce qui se passait au dehors, et réduits à enregistrer les nouvelles de la ville, ils n'étaient plus pour ainsi dire qu'un livre de deuil, une table des morts!

Le gazomètre ayant été vidé, la ville n'était plus éclairée que par des lanternes que chaque propriétaire était tenu d'allumer tous les soirs à sa maison, et par la sinistre lueur de l'incendie.

Vers la fin du mois la cathédrale subit de nouveaux et irréparables dommages. L'horloge astronomique fut détruite, une des quatre tourelles de la flèche fortement avariée, la rosace percée, le grand autel atteint de plusieurs bombes.

La maison de l'œuvre Notre-Dame, le *Frauenhaus*, une des plus vieilles et des plus monumentales constructions du moyen âge, avait été criblée de boulets.

Dans la même période, entraîné par une aveugle fureur, le général de Werder fit cou-

vrir d'obus un gros village situé à trois kilo-
mètres au nord de Strasbourg, la Robertsau,
où était établie, il ne l'ignorait pas , une ambulance.

Le deuil immense qui enveloppait la ville
comme d'un crêpe, loin d'accabler la population, exaltait son désir de vengeance. Pendant
que les canons de la citadelle foudroyaient la
ville de Kehl, la garnison faisait de fréquentes
sorties, qui, sans amener d'éclatants succès,
impossibles dans la situation, retardaient les
travaux de l'ennemi. Pendant une de ces sorties
poussées dans la direction de la Rotonde du
chemin de fer de Paris, la garnison avait réussi,
après une vive fusillade, à repousser l'ennemi,
à mettre un assez grand nombre d'hommes hors
de combat, et à ramener en ville une douzaine
de prisonniers, tous Prussiens.

Une autre sortie tentée vers le nord et poussée
au delà de la promenade de Contades jusque
dans l'île Jars, avait été moins heureuse. Nos
troupes avaient été repoussées avec pertes, et

l'île mise en feu. Cependant la valeur et la décision de la garnison et de la population en imposaient tellement à l'ennemi, que le roi de Prusse avait, par un ordre exprès envoyé le 26 par voie télégraphique, défendu au général de Werder de tenter un assaut qui, craignait-on, aurait coûté dix mille hommes et même davantage, sans peut-être aboutir à la prise de la forteresse. On s'était donc décidé à continuer les travaux d'approche et le bombardement. Avec l'aide du temps, l'ennemi était sûr du résultat, ses forces étant six fois supérieures à celles dont disposait le général français, et ses soldats d'artillerie égalant au moins en nombre, à eux seuls, toute la garnison de Strasbourg.

Cependant, s'il n'était pas donné à l'attitude héroïque de la ville de conjurer le destin, ses souffrances avaient du moins ému l'Europe. Au récit de ce long martyre, un long cri d'horreur avait parcouru non-seulement la France, mais encore plusieurs pays étrangers, et il est probable que sous la pression de l'opinion générale, le roi Guillaume s'était décidé à modifier quelque peu son plan, car dès les premiers jours de septembre on remarqua un certain ralentissemeut dans le bombardement. Le feu ne fut plus dirigé presque exclusivement contre la ville, mais au moins autant contre les remparts et la citadelle. De plus, vers la même époque, ón consentit à accorder à quelques femmes et à quelques vieillards l'autorisation de sortir de la place, ou plutôt à fermer les yeux sur leur passage à travers les lignes ennemies; mais ce n'étaient là que des exceptions très-rares, et dont les personnes assurées, par leurs relations, de trouver à l'étranger un amical accueil, pouvaient seules profiter. Les assiégeants savaient d'ailleurs que ces rares facilités accordées à quelques-uns ne compromettraient pas les intérêts de l'attaque. Le 4 septembre, la troisième parallèle était terminée, et les pièces, au nombre de plus de 200, en position à 400 pieds des fortifications. De nouvelles sorties faites dans les nuits du

1er et du 2 septembre et auxquelles on n'avait plus admis que des volontaires, avaient été repoussées, quoique les Français, grâce à des efforts désespérés, eussent pénétré jusqu'à la deuxième parallèle. Le feu des Allemands était continuel ; celui de l'artillerie de la place, décimée par des pertes non réparées, devenait irrégulier et en quelque sorte spasmodique. Pendant les derniers jours du mois d'août et les premiers jours de septembre, la citadelle avait été entièrement brûlée. Le général Uhrich avait prévenu le ministre de la guerre que Strasbourg était perdu si l'on ne venait immédiatement à son secours. Le ministre s'était contenté de répondre qu'il comptait sur l'énergie de la garnison, de la population, et qu'il était « de la plus haute importance que Strasbourg continuât à tenir ». Il ajoutait que, comme dernière ressource, le général pouvait tenter un coup d'audace, franchir le Rhin pendant la nuit, se jeter dans le duché de Bade, en plein pays ennemi, repasser le Rhin plus haut et se retirer dans l'in-

térieur de la France [1]. Il va sans dire que le général Uhrich regarda ce conseil comme une ex-
travagance et une preuve palpable de l'inca-
pacité du ministre. Chaque jour, les assiégeants recevaient des renforts en hommes,
en canons et en munitions. Les ressources des
Strasbourgeois allaient tous les jours en di-
minuant, déjà on se plaignait de la cherté
exorbitante et de la rareté, de l'insuffisance
des vivres, et les Allemands, dans leurs dépê-
ches, annonçaient qu'ils ne considéraient plus
la reddition de la place que comme une affaire de quelques jours, déterminés facilement
par un calcul d'ingénieurs [2].

Ce fut aussi cette considération qui amena le
général de Werder à consentir à une demande
faite par le gouvernement suisse pour adoucir

1. Voir le 15e fascicule des papiers et correspondances
de la famille impériale.

2. Voyez, par exemple, la dépêche expédiée à Carls-
ruhe le 4 septembre, et publiée par l'agence Reuter,
Temps du 7 septembre.

le sort épouvantable de la population strasbourgeoise. Un certain nombre de citoyens
suisses, dont le nom et le souvenir seront conservés précieusement de nos compatriotes, aussitôt qu'ils avaient eu connaissance des horreurs
du bombardement, avaient formé un comité
pour venir en aide aux habitants. Le Conseil
fédéral s'était empressé de mettre son influence
à l'appui des décisions du comité, et, donnant à des manifestations jusque-là privées
le caractère plus pressant d'une intervention
diplomatique, il avait résolu le 7 septembre
d'envoyer des délégués à Strasbourg pour s'entendre avec le général de l'armée assiégeante et
le commandant de la place sur les moyens de
faciliter à la population civile l'accès de la
Suisse. On arrêta également que les bagages des
habitants de Strasbourg seraient affranchis des
droits de douane à la frontière, et que l'entretien des réfugiés nécessiteux serait à la charge
de la caisse fédérale, si les ressources du comité
n'étaient pas suffisantes.

La Prusse n'osa repousser la demande faite
par une·puissance qui qualifiait hautement la
tactique employée contre Strasbourg de viola-
tion du droit des gens [1].

Mais un nombre très-restreint seulement de
Strasbourgeois profitèrent de l'autorisation que
le général de Werder se laissa arracher par les
délégués suisses, MM. Bischof, de Bâle; de
Buren, de Berne ; Roemer, de Zurich. La plupart voulurent partager jusqu'à la fin le sort de
leurs frères. Le malheur les avait unis de liens
plus étroits et plus sacrés que ceux de la joie et

---

1. Voici ce qu'on lisait, à ce propos, dans le *Journal
de Genève* :

« Nous aimons à croire que les démarches de la dépu-
tation seront couronnées d'un plein succès.

« Quoi qu'en dise le commandant de l'armée assiégeante, la prétention affichée par lui au commencement
du siége de se servir des angoisses de la population civile
comme d'un moyen de pression sur la garnison et son
chef, est incompatible avec tous les principes du droit des
gens. A ce point de vue, les représentations des délégués
d'une nation neutre ne sauraient rester sur lui sans effet.

du bonheur. Ceux qui acceptèrent l'hospitalité qui leur était si noblement offerte reçurent en Suisse, à Berne surtout, l'accueil le plus sympathique et le plus cordial. Ce fut, nous dit-on, un spectacle navrant, lorsque le premier train amena à Berne les Alsaciens, de voir ces martyrs de l'honneur arrivant hâves, amaigris, défigurés par les souffrances, osant à peine croire à leur propre délivrance. Leur arrivée avait été annoncée et leur réception préparée par les soins du comité, qui, aussitôt l'autorisation accordée par le général prussien et le grand-duc de Bade, avait adressé l'appel le plus chaud aux habitants de Berne en faveur des hôtes qu'ils allaient recevoir[1]. Qu'il nous soit permis ici d'exprimer au nom de tous nos compatriotes notre

1. Ils avaient mis en tête de cet appel l'épigraphe suivante, tirée d'un poëme de Gœthe, qui se rapportait à un sujet analogue : « Que tu as bien fait, ô femme, d'envoyer dans ta douceur ton fils en messager chargé de porter à ces malheureux de quoi se nourrir et se vêtir ; car donner, c'est l'affaire du riche. (*Hermann et Dorothée*.)

plus profonde reconnaissance aux membres du
comité : MM. de Buren , Aebi, Hahn, Beck,
Brunner, Pétion, Bloch, Schmid et Munzinger,
ainsi qu'à tous ceux qui se sont associés à leur
œuvre. Ils ont généreusement pratiqué les devoirs de la solidarité qui nous unit tous, et, en
sauvant l'honneur de l'humanité dans une guerre
si inhumaine, ils ont donné au monde un exemple qui ne sera point perdu.

Pendant que quelques centaines de femmes,
d'enfants et de vieillards étaient recueillis par
une nation voisine, le reste de la population
allait au-devant de souffrances et d'épreuves
chaque jour croissantes. Sa fermeté avait déjoué
un nouveau calcul du général de Werder. Celui-ci s'était empressé de porter à la connaissance du commandant de la place la capitulation de Sedan, et l'avait sommé de se rendre,
en lui signifiant que ce désastre lui enlevait ir-
rémédiablement tout espoir d'être secouru.
Mais le général Uhrich avait repoussé fièrement

cette sommation comme la précédente. La nouvelle de la proclamation de la République
avait relevé les courages et retrempé les âmes
qu'assombrissait la crainte de défendre, par une
lutte prolongée, le trône du despote en même
temps que la grandeur et l'intégrité de la France.
Maintenant que ce trône était tombé dans la
boue sanglante d'où il était sorti, et que cette
pensée que l'on se battait pour un homme ab-
horré s'était évanouie devant l'avenir rayonnant
de liberté ouvert devant la France, Strasbourg,
la cité libérale, que le seul regret d'avoir perdu à
tout jamais la dignité et l'honneur avec la liberté
aurait pu détacher de la France, Strasbourg résolut de souffrir et de lutter jusqu'à la fin pour
vaincre avec elle et contribuer à sa régénération
morale, ou de périr avec elle.

La ville ne se laissa pas plus fléchir par les
ménagements tardifs de l'ennemi que par son
implacable rigueur. Et lorsque le général
Uhrich, vaincu enfin par l'aspect de ses souffrances, voyant d'ailleurs approcher le terme

fatal, se décida à remettre le sort de la population entre ses propres mains et la fit voter par
une sorte de plébiscite sur la question de savoir
s'il fallait se rendre, l'immense majorité lui répondit par un énergique *non*.

La population avait installé une municipalité
républicaine et appelé à sa tête un homme investi
depuis longtemps de la confiance des amis de la
liberté, M. Küss, professeur à la Faculté de
médecine, et dès lors, l'union entre les membres de la cité, administrateurs et administrés,
étant devenue plus étroite, la résolution était
devenue plus calme, sinon l'espoir plus ferme.
De son côté, à peine l'ennemi eut-il connu la
décision de la place, qu'il prit ses mesures pour
en hâter la chute. Toutes les troupes furent
concentrées autour de la ville, et on ne laissa
dans les villages occupés à plusieurs lieues à la
ronde que les grand'gardes nécessaires pour
protéger les derrières contre toute surprise, d'ailleurs improbable. Le feu dirigé contre la citadelle, contre la ville et surtout contre le point

le plus faible des fortifications, compris entre
le faubourg de Saverne et le faubourg de Pierre,
redoubla d'intensité. Depuis le commencement
du mois de septembre on battait les murs en
brèche avec des canons lançant des boulets de
150 livres. On voyait approcher le moment où,
les brèches étant assez considérables, un assaut
pourrait être tenté. En même temps, la ville se
voyait enlever le dernier espoir de se ravitailler
en vivres et en munitions. Dans l'ignorance des
faits qui s'étaient passés à Strasbourg, le Gouvernement de la défense nationale avait nommé
M. Valentin, ancien représentant, membre du
comité alsacien de Paris, préfet du Bas-Rhin, et
l'avait chargé de pénétrer dans la ville et d'y
installer la République. M. Valentin essaya à
plusieurs reprises de faire arriver à portée de la
ville des convois de vivres et de poudres, mais
ces convois, dont plusieurs descendirent le Rhin,
furent tous pris par les Prussiens.

La garnison exécuta encore plusieurs sorties,
entre autres le 13, fit quelques prisonniers, ré-

duisit en cendres la ville de Kehl, détruisit en partie un corps de 3000 hommes, qui essaya de prendre la ville par surprise en passant, sur des pontons, le fossé entre la porte des Juifs et la porte des Pécheurs ; mais il devenait de plus en plus évident que ces coups de force, impuissants à dégager la ville, ne servaient qu'à en retarder la chute. Le manque de vivres rendait la reddition inévitable. Dès le commencement du mois de septembre, les approvisionnements en légumes frais s'étaient trouvés épuisés, et en fait de viande, l'on avait été réduit à celle de cheval : maintenant, vers le milieu du mois, on prévoyait le jour très-prochain où cette dernière ressource manquerait complétement. Le pain manquait depuis le 5 ; l'on était réduit aux légumes secs. La santé de la population s'altérait visiblement. La citadelle était, pour ainsi dire, rasée ; les munitions commençaient à manquer en présence d'attaques toujours plus vives, toujours plus proches. N'ayant pas assez de poudre, la garnison se voyait réduite à remplir les grenades de sable, pour leur donner le poids nécessaire : naturellement ces projectiles ne causaient que peu de mal à l'ennemi. Les pièces de tous les ouvrages extérieurs avaient été réduites au silence, le feu de la ville n'allait pas tarder à être éteint.

Le 13, le général Uhrich avait prévenu le Gouvernement de la défense nationale que malgré le bombardement qui continuait sans trêve ni relâche, malgré une situation qui empirait chaque jour, malgré le découragement qui s'était mis dans les rangs de la troupe, il continuerait à tenir et à défier l'ennemi jusqu'à ce que ses forces fussent épuisées. Il tint parole : quoique blessé à l'épaule et à la jambe, il continuait à diriger les opérations de la défense, et à donner à la population et à la garnison l'exemple de l'intrépidité et de la constance. La mortalité était devenue effrayante, surtout parmi les petits enfants; la famine commençait à faire sentir ses tortures; le moment suprême approchait, mais, au prix de prodiges d'énergie, la

ville tint encore, dans cette terrible situation,
jusqu'à la fin du mois. Enfin, les munitions, les
vivres, étant épuisés, le général Uhrich et sa
brave garnison durent se rendre à la dure nécessité contre laquelle ils avaient lutté avec la
force du désespoir. La détresse avait fini par
devenir intolérable ; mais avant de capituler on
résolut de faire un dernier et sanglant effort.
Le 27, trois sorties furent faites ; trois fois
l'on tenta de se frayer un passage à travers les
lignes ennemies, trois fois l'on fut repoussé.
Tout espoir étant perdu, le 28, un parlementaire fut envoyé au camp prussien, et le dernier sacrifice accompli. La place capitulait,
après avoir perdu 4000 hommes sur une garnison composée de moins de 12000, y compris la garde nationale, après avoir vu plus de
3000 personnes, hommes, femmes, enfants,
vieillards, broyés par les bombes. L'aspect de
la ville était lamentable ; elle n'était plus qu'un
amas de décombres, plus de quatre cents maisons avaient été détruites, on comptait celles

qui n'avaient pas été atteintes par les projectiles et par les flammes, les glacis et les environs de la place étaient noirs des débris
brûlés de la bibliothèque, que le vent avait
emportés au loin et répandus dans la campagne. Des monceaux de bières étaient accumulés
dans une grande tranchée au Jardin botanique.
Partout ce n'étaient que scènes de désolation
et de ruine, partout l'image de la misère et de
la mort.

Les Prussiens, après avoir fait leur entrée solennelle à Strasbourg, et célébré un service divin à
l'église Saint-Thomas, pour rendre grâce à Dieu
de la protection qu'il avait accordée à leurs
armes, mirent aussitôt la ville en état de siége.
Les règlements les plus sévères furent adoptés,
tous les journaux supprimés. Un ordre prescri-
vit, sous les peines les plus dures, aux habitants, d'être rentrés chez eux à neuf heures du
soir. Puis , après avoir pris ces précautions
contre la population inoffensive et désarmée, les
vainqueurs se mirent en devoir d'insulter au

malheur et au patriotisme des vaincus, en répandant dans leurs journaux les calomnies les
plus absurdes sur l'attitude de la population
et de la garnison. Celle-ci, disaient-ils, s'était
rendue dans un état honteux d'ivresse ; celle-là
avait jeté des bouquets et des fleurs à l'ennemi
triomphant.

La population, obéissant à la recommanda-
tion que lui avait adressée le maire au moment
de la capitulation, dévorait cet affront en silence. Des actes de violence auraient provoqué
des représailles terribles ; les habitants étaient
réduits à protester de leurs sentiments en déchirant des avis placardés par l'ennemi, et en
écrivant au bas de chaque affiche où les Prussiens donnaient un ordre tendant à germaniser
la ville, ces mots qui renaissaient sans cesse et
que l'on retrouvait partout : Vive la France!

Quant au général Uhrich, il avait pris congé
de la population et de la garnison dans cette
proclamation affichée la veille de la reddition de
la place, et où se reconnaît l'homme de cœur

affligé des maux de la guerre, le soldat patriote attristé de n'avoir pu vaincre la fortune par son invincible courage :

« Habitants de Strasbourg,

« Je reconnais aujourd'hui, et le conseil de défense partage unanimement cet avis, que la défense de Strasbourg est désormais impossible ; je dois, en conséquence, cédant à une triste nécessité, me résoudre à entrer en négociations avec le chef de l'armée assiégeante.

« Votre mâle attitude pendant ces longs jours d'épreuves douloureuses m'a permis de prolonger la défense autant qu'elle pouvait l'être. Citoyens et soldats, votre honneur est intact, merci à vous ! Merci encore à vous, préfet et magistrats du Bas-Rhin, vous qui, par votre énergie et votre union, m'avez prêté un si précieux concours, vous qui avez su soulager les souffrances de cette malheureuse population et affirmer hautement et loyalement votre attachement à notre commune patrie. Merci à vous, officiers et soldats! à vous surtout, membres du conseil de défense, qui vous êtes montrés toujours si fermes, si énergiques, si attachés aux grands devoirs que vous aviez à remplir, et m'avez soutenu à ces heures de cruelle incertitude où me plongeaient et les terribles responsabilités de ma charge et la vue des malheurs publics.

« Merci à vous, représentants de notre armée de mer, qui, à force de courage, avez pu faire oublier votre petit nombre.

« Merci à vous, enfin, enfants de l'Alsace, gardes mobiles, francs-tireurs et compagnies franches, à vous, canonniers de la garde nationale, qui avez si noblement donné votre sang pour cette grande cause, aujourd'hui perdue ; et à vous aussi, douaniers, qui avez donné l'exemple du courage et du dévouement.

« Je dois remercier aussi et tout particulièrement l'intendance pour le zèle avec lequel elle a su, dans le service des vivres et des hôpitaux, suffire à toutes les exigences d'une situation difficile.

« Quelle expression pourrait rendre toute la reconnaissance que j'éprouve pour les médecins civils et militaires, qui se sont consacrés tout entiers au soin de nos blessés et de nos malades ; pour ces nobles jeunes gens de l'École de médecine, qui ont accepté avec tant d'enthousiasme les postes les plus dangereux de nos ambulances, aux portes de la ville et dans nos ouvrages extérieurs !

« Pourrai-je jamais assez remercier tant de membres bienfaisants du clergé, tant de citoyens charitables qui ont ouvert leurs maisons aux blessés. leur ont prodigué les soins les plus empressés, et en ont arraché un grand nombre à la mort !

« Je garderai jusqu'à mon dernier jour le souvenir des deux mois qui viennent de s'écouler, et le sentiment de reconnaissance et d'admiration que vous m'avez inspiré ne s'éteindra qu'avec ma vie. Pour vous, souvenez-vous sans

amertume de votre vieux général. Il eût été
heureux de vous épargner tant de malheurs, de
souffrances et de dangers! mais il lui fallait
étouffer ce désir dans son cœur pour ne songer
qu'au devoir et à la patrie qui porte le deuil de
ses enfants. Détournons, s'il est possible, détournons nos regards de ce présent si rempli
d'amertume, et jetons-les sur l'avenir : c'est là
que nous trouvons cette consolation des malheureux, qui s'appelle l'espérance.

« Vive à jamais la France !

« Donné au quartier général le 27 septembre 1870.

                « Le général de division commandant
                    la 2⁰ division militaire,

                        « UHRICH. »

De longues souffrances, des luttes héroïques
soutenues en commun, ont dû créer des liens
ineffaçables entre la ville et son brave défen-
seur, et la population tout entière, qui en ce
moment attend avec impatience sa délivrance

du joug de l'étranger, aura acclamé la distinction que le Gouvernement vient d'accorder au général en reconnaissance des efforts qu'il a faits pour conserver l'Alsace à la France.

La nouvelle de la reddition de Strasbourg causa une sensation profonde dans la capitale. On comprenait l'importance d'un pareil événement, et à l'admiration douloureuse que la population éprouvait pour la résistance de la ville se mêla comme une incrédulité volontaire et désespérée à la nouvelle de sa chute : on s'était habitué si longtemps à se relever à la pensée de son héroïsme et de ses souffrances, on avait essayé de se bercer soi-même de l'espoir que cet héroïsme et ces souffrances pourraient trouver un autre terme !

Pendant de longs jours, la population et les bataillons de la garde nationale continuèrent à se porter devant la statue de Strasbourg et à donner cours aux sentiments qui les oppressaient, en couvrant cette funèbre image de

fleurs et d'immortelles. N'ayant pu défendre
cet enfant de douleurs par les armes, la France
semblait vouloir le retenir au moins par l'expression d'un inaltérable, d'un inviolable attachement.

Le Gouvernement de la République avait annoncé, le 2 octobre, la reddition de Strasbourg,
en même temps que celle de Toul, en ces termes :

    « Citoyens,

    « Toul et Strasbourg viennent de succomber.
    « Cinquante jours durant, ces deux héroï-
ques cités ont essuyé, avec la plus mâle constance, une véritable pluie de boulets et d'obus.
    « Épuisées de munitions et de vivres, elles
défiaient encore l'ennemi.
    « Elles n'ont capitulé qu'après avoir vu leurs
murailles abattues crouler sous le feu des assaillants.

« Elles ont, en tombant, jeté un regard vers Paris pour affirmer une fois de plus l'unité et l'intégrité de la patrie, l'indivisibilité de la République, et nous léguer, avec le devoir de les délivrer, l'honneur de les venger. »

Dès les premiers jours de septembre, après que l'on eut connu les horribles détails du bombardement et l'attitude patriotique de Strasbourg, le Gouvernement de la République avait glorifié la ville en décrétant qu'elle avait bien mérité de la patrie. Le 4 octobre, il publiait le décret suivant :

« Le Gouvernement de la défense nationale,

« Considérant que la noble cité de Strasbourg, par son héroïque résistance à l'ennemi pendant un siége meurtrier de plus de cinquante jours, a resserré les liens indissolubles qui rattachent l'Alsace à la France;

« Considérant que, depuis le commencement du siége de Strasbourg, la piété nationale de la population parisienne n'a cessé de prodiguer autour de l'image de la capitale de l'Alsace les témoignages du patriotisme le plus touchant et de la plus ardente reconnaissance pour le grand exemple que Strasbourg et les villes assiégées de l'Est ont donné à la France ;

« Voulant tout à la fois perpétuer le souvenir du glorieux dévouement de Strasbourg et des villes de l'Est à l'indivisibilité de la République et du généreux sentiment du peuple de Paris,

« Décrète :

« La statue de la ville de Strasbourg qui se trouve actuellement sur la place de la Concorde sera coulée en bronze et maintenue sur le même emplacement, avec inscription commémorative des hauts faits des départements de l'Est. »

Mais ce n'est point assez de perpétuer par le bronze le souvenir de l'héroïque résistance de Strasbourg. La France a un autre moyen, plus puissant, de s'attacher à jamais l'Alsace et sa capitale, et de resserrer les liens qui unissent les enfants de Strasbourg à leur patrie d'adoption : c'est de marcher désormais d'un pas ferme, égal et sûr dans le chemin de la liberté et de l'honneur où elle s'est de nouveau engagée, de dompter ce goût des aventures, cette humeur puérile et changeante qui cherche une satisfaction passagère, bientôt dans les excès de la liberté et la réalisation des plus vaines utopies sociales, bientôt dans le sommeil brutal et la sécurité trompeuse du servilisme le plus abject; de se dire qu'il ne suffit pas de ravir la liberté en un jour d'exaltation et de brillant élan, mais qu'il s'agit de la conserver par les qualités solides et réfléchies qui seules fondent les choses durables.

La France à cette heure solennelle, qui est peut-être décisive pour ses destinées futures, s'engagera-t-elle dans cette voie? Nous l'espérons, et nous savons que l'Alsace ne sera pas la dernière à l'y suivre.

LA BIBLIOTHÈQUE

DE STRASBOURG

LA BIBLIOTHÈQUE
DE STRASBOURG.

La destruction de la bibliothèque de Strasbourg constitue une perte irréparable pour la science. La collection se composait de plus de 200 000 volumes; elle était donc une des plus riches de l'Europe, et la plus riche de France, après la bibliothèque nationale de Paris. Ce qui lui donnait une valeur extraordinaire, c'était le grand nombre d'ouvrages rares, de manuscrits précieux, d'incunables qui s'y trouvaient réunis.

La bibliothèque était formée, à vrai dire, de trois collections.

La plus ancienne était celle du séminaire pro-

testant. Le fonds en était composé de la bibliothèque de l'Université, établie en 1531 par le
magistrat de Strasbourg. Elle avait été augmen-
tée considérablement, dans la suite, par des
achats, des dons faits surtout par des professeurs
de l'Université.

Au mois de mai 1803, à la suite de la nouvelle constitution des Églises, elle passa définitivement en la possession et sous la direction du
séminaire protestant.

Elle avait été, presque dès le début, établie
dans le chœur du Temple-Neuf, vaste local séparé de la nef par un mur construit à cet effet.
Le Temple-Neuf appartenait primitivement à
un couvent de dominicains bâti en 1254 ; il
avait été fermé lors du départ des dominicains
à la suite de la Réformation, et cédé aux protestants lorsque la cathédrale eut été attribuée par
l'intérim au culte catholique. C'est en 1684 que
l'église reçut le nom de Temple-Neuf.

Parmi ceux qui contribuèrent le plus puissam-
ment à enrichir la collection, nous nommerons

Jérémie-Jacques Oberlin, frère du vénérable et célèbre pasteur du Ban-de-la-Roche. D'après le catalogue fait par lui, le nombre des imprimés dont la date est antérieure à 1520 est de 4300 environ; 1134 d'entre eux ne portent pas de date précise. Au nombre des livres imprimés en Alsace dans la première période de l'imprimerie se trouvaient 600 volumes de la plus grande rareté et du plus haut prix. Strasbourg avait eu des imprimeurs célèbres au quinzième et au seizième siècle; il nous suffira de rappeler les noms de Jean Mentel, Marc et Jean Reinhard, Georges Husner, Jean Beckenbub, Martin Flach, Henri Knoblochzer, etc.

La collection de manuscrits de cette première bibliothèque contenait de très-beaux exemplaires, mais heureusement peu d'*unica*. Le petit nombre en était cependant compensé par la valeur. Parmi les plus remarquables nous citerons : la vaste encyclopédie, enrichie de peintures précieuses, connue sous le nom de *Hortus deliciarum*, composée vers la fin du seizième siècle par

Herrade, châtelaine du Landsberg, fondatrice du couvent de Sainte-Odile, sur les hauteurs qui, près de Barr, dominent les plaines de l'Alsace ; les miniatures de cet ouvrage fournissaient à l'histoire de l'art et des costumes les plus utiles renseignements.

Un recueil de prières du huitième et du neuvième siècle, sur vélin pourpré, en caractères d'or et d'argent.

Un *Missel* magnifique aux armes de Louis XII, et signé par l'archevêque François de Lyon, du commencement du seizième siècle.

La collection des *constitutions de Strasbourg*.

Le poëme de la guerre de Troie, en 60 000 vers, par Conrad de Würzbourg.

Le recueil des lois canoniques, fait par l'évêque de Strasbourg Rachio, et écrit en 788 ; c'était une des plus anciennes copies de la collection de décrétales, commencée par Isidore de Séville, précieuse surtout parce qu'elle ne contenait aucune des fausses décrétales insérées dans les recueils postérieurs.

Un dictionnaire ou une clé très complète des notes tyroniennes ou caractères sténographiques usités dans la chancellerie des rois carlovingiens.

Un bréviaire avec des miniatures remarquables, entourées d'arabesques d'un goût parfait.

Un *Corpus juris*, avec la glose de Bologne, ayant appartenu au célèbre Reuchlin.

Des manuscrits de différents Codes de lois barbares, des sermons de maître Eckart et de Jean Tauler.

Les poésies de Gotfried de Haguenau, les fables de Boner.

Les chroniques de Kœnigshoven dans une version allemande et dans une version latine.

Tout aussi précieux étaient les documents attestant que les premiers essais d'impression avec des caractères mobiles avaient été faits à Strasbourg par Gutemberg. On sait que l'honneur de l'invention lui a été contesté par les Hollandais. Ces documents avaient été découverts par l'archiviste Wenkler et le savant Schœpflin, dans le *Pfennigthurm*, vieille tour qui renfermait le trésor de la ville et qui a subsisté jusqu'au dernier siècle.

Ces documents comprenaient :

1° Un acte par lequel Gutemberg, qui venait de faire incarcérer un greffier de la ville de Mayence, consentait à le rendre à la liberté ; ce greffier, nommé Niclauss, devait à son créancier, pour arrérages de rentes, 310 florins du Rhin ; Gutemberg le fit relâcher « pour ne pas troubler l'harmonie qui existait entre Mayence et Strasbourg ».

2° Un écrit par lequel le grand inventeur chargeait sa mère de régler ses comptes avec son frère aîné Frick, le chanoine. Gutemberg déclarait consentir à une réduction de 2 florins sur une rente de 14 que son frère s'était engagé à lui servir.

3° Une réponse de Gutemberg à une dame de Strasbourg, *Ennel, genant zür Isernen Thür* (Anne, dite à la porte de fer), qui lui rappelait une promesse de mariage qu'il lui avait faite et

qu'il paraissait avoir oubliée. Il est probable qu'il
a fait honneur à sa signature, mais, dans ce cas,
sa femme a dû mourir avant 1444, car à cette
date il retourna seul à Mayence.

4° Une série de pièces se rapportant au procès
que Gutemberg soutint, en 1439, à Strasbourg.

Vers 1436, il s'était associé pour l'exploitation
de certains *secrets* avec Jean Riffe; un nommé
André Dritzehen, qui avait déjà été en rapport
avec Gutemberg, demanda à entrer en tiers dans
l'association. Gutemberg et Riffe y consentirent.
Trois ans après eut lieu un procès de règlement
de comptes entre les héritiers d'André Dritzehen
et l'illustre inventeur de l'imprimerie. Tout l'intérêt de cette affaire reposait sur les dépositions
des 17 témoins à charge et à décharge, dépositions dont la bibliothèque de Strasbourg possédait le texte original et authentique. La plus importante de ces déclarations était celle de l'or-
fèvre Hans Dünns, disant qu'il avait, « il y a trois
ans environ, gagné de Gutemberg près de 100
florins pour la préparation des pièces qui con-

cernent l'imprimerie (*Was zu dem Drucken gehoeret*). »

Ces pièces précieuses, vrais titres de noblesse de Strasbourg, étaient religieusement conservées dans une armoire de la bibliothèque de l'Université, dont le conservateur seul possédait la clé. Tous ces documents étaient réunis en deux cahiers reliés en parchemin, et renfermés dans un carton gris formant boîte. Sur le dos de cette boîte on lisait le titre suivant : *Documenta typographiæ Argentorati inventæ.* Tous ces procès-verbaux étaient écrits de la même main ; les ratures, les additions, les renvois, le paraphe, tout était de la même encre. Strasbourg possédait là la rédaction originale des procédures et des actes relatifs à l'invention de Gutemberg, l'attestation convaincante que dans l'enceinte de ses murs était née cette merveilleuse industrie, qui est, sans conteste, l'instrument le plus puissant de la civilisation. Les obus prussiens ont détruit ces trésors, qui formaient la gloire la plus pure de Strasbourg.

Parmi les portraits qui appartenaient à la première collection, on en remarquait deux du fondateur de la bibliothèque, le *stettmeister* Jacques Sturm de Sturmeck, celui de Gustave-Adolphe, celui de Jean Képler, et une série de portraits de professeurs de l'Université.

La collection avait été enrichie, en 1860, par un legs du professeur Kreiss, helléniste distingué, qui avait fait don au séminaire de toute sa bibliothèque, comprenant un grand nombre de volumes magnifiquement reliés, et surtout des éditions rares de classiques grecs et latins.

La seconde collection, celle de la ville, était plus considérable encore. Elle était due en grande partie aux efforts d'Oberlin. Lors de la suppression des couvents par la grande Révolution, les différentes bibliothèques des couvents de Strasbourg menaçaient d'être dispersées. Oberlin sut empêcher cette perte et fit réunir promptement tous les volumes. La collection

fut abritée d'abord dans la « Maison des Che-
valiers », puis dans l'ancien séminaire épiscopal,
ensuite dans l'École centrale, enfin dans le
chœur du Temple-Neuf, où le directoire de
l'Église de la confession d'Augsbourg lui accorda un asile à côté de la bibliothèque du séminaire protestant.

Une partie considérable de cette seconde
collection était formée par la bibliothèque de
l'ancienne commanderie de Saint-Jean de Strasbourg. Avant la réunion de cette bibliothèque
avec celle de la ville, elle avait perdu un grand
nombre de manuscrits, environ 400, sans qu'il
eût été possible de rentrer en leur possession
ou d'en découvrir la trace dans une autre collection.

Un seul manuscrit, *Mere von der Minne*, de
maître Gotfried, fut retrouvé par hasard. La
plupart des manuscrits perdus se rapportaient
à la théologie; quelques-uns, plus précieux et
plus rares, contenaient d'anciennes poésies allemandes. Le catalogue des imprimés de cette

bibliothèque avait été fait par Nicolas Weisslinger, celui des manuscrits par le professeur de l'Université Witter.

Dans plusieurs branches des sciences historiques, la collection de la ville était à peu près complète; elle possédait entre autres la série des volumes publiés par la *Record-Commission :* c'était un don que Strasbourg devait à la munificence du gouvernement anglais.

Parmi les autographes les plus précieux que renfermait cette collection, la ville citait avec orgueil les lettres de Gœthe à Saltzmann.

Enfin, à cette bibliothèque se rattachait une troisième collection, rangée à part, mais également accessible au public, et qui portait le nom de Schœpflin. L'illustre historiographe de l'Alsace, Jean-Daniel Schœpflin, avait légué, de son vivant, sa riche bibliothèque et sa précieuse collection d'antiquités égyptiennes, grecques, romaines et allemandes, fruit d'un travail intelligent et persévérant poursuivi pendant qua-

8

rante-sept ans, à la ville de Strasbourg. Il disait
dans son testament que Strasbourg, « œil de
l'Alsace », devait posséder tout ce qui pouvait
donner quelque lumière, porter quelque honneur à l'Alsace. Il n'avait réservé pour lui-
même et, après sa mort, pour sa sœur, qu'une
rente de 2400 fr.

En droit, l'administration des trois bibliothèques établies au chœur du Temple-Neuf était
séparée. De fait, elle était toujours concentrée
en une seule et même personne. Ce n'est
qu'en 1863, à la mort du bibliothécaire Jung,
que la collection de la ville et celle du séminaire
furent placées chacune sous une direction spé-
ciale. Depuis cette époque on travaillait à refaire les catalogues à nouveau.

La salle de lecture était restée commune aux
lecteurs des deux bibliothèques.

Ce sont tous ces trésors de manuscrits et de
livres rares, qui attiraient chaque année des savants de toute l'Europe, qu'un soldat, obéissant
à un plan barbare, a fait réduire en cendres en

un jour de colère et d'aveuglement. Son nom
restera tristement attaché à l'incendie de cette
collection unique. Quant à la France, elle ne
pourra la remplacer : nous espérons du moins
qu'elle tiendra à honneur de la restaurer en
quelque mesure et en ne reculant pas devant
des sacrifices réels et considérables.

Le pays tout entier s'y est engagé, du reste,
par la bouche du ministre de l'Instruction publique.

Dès le 31 août, le recteur de l'Académie de
Strasbourg lui faisait les propositions suivantes,
en vue de recomposer la bibliothèque :

« Monsieur le ministre, l'incendie de la bibliothèque de Strasbourg, l'une des plus précieuses et des plus utiles de l'Europe par la
rareté et le nombre de ses volumes, paraît être
un fait accompli.

« La France reconstruira la ville de Strasbourg. J'ai l'honneur, monsieur le ministre, de
vous prier de me mettre à même de pourvoir le

plus tôt possible à la recomposition de sa bibliothèque.

« Une ville qui possède cinq Facultés, des savants illustres, des étudiants nombreux, ne saurait rester sans bibliothèque, dès qu'elle sera rentrée dans le calme. Je prends donc la liberté, monsieur le ministre, de vous demander les pouvoirs et les moyens nécessaires pour solliciter, sous votre autorité, l'aide, le concours et les sacrifices patriotiques :

« 1° Des riches dépôts de l'instruction publique, des lettres et des arts, de la guerre et de l'intérieur;

« 2° Des bibliothèques publiques de Paris et de la province qui voudraient disposer de leurs exemplaires en double;

« 3° Des sommités de la science et des lettres en ce qui concerne les exemplaires de leurs propres ouvrages ou les livres de leurs bibliothèques dont ils pourraient se défaire;

« 4° De la librairie française tout entière, et des souscriptions de tous ceux qui s'intéressent aux malheurs et à l'héroïsme d'une ville si haut placée dans l'estime et les sympathies de l'Europe civilisée.

« Ne serait-il pas possible, monsieur le ministre, de solliciter également, à cet effet, le concours généreux des bibliothèques et des écrivains des nations amies qui voudraient panser aussi les blessures de la science française? Ce serait peut-être, en ce qui concerne l'instruction publique, la meilleure réponse à faire à cette Allemagne qui découvre aux yeux de tous sa barbarie véritable en ne se montrant si savante que pour détruire.

« Je suis à votre disposition, monsieur le ministre, pour le seul service que je puisse encore rendre à l'Académie, et je vous prie de vouloir bien agréer l'expression des sentiments les plus dévoués de votre humble serviteur,

« T. ZELLER,

« Recteur de l'Académie de Strasbourg. »

Le ministre lui répondait, le 2 septembre :

« Monsieur le recteur, je vous remercie de votre communication ; je n'attendais pas moins de celui que j'ai appelé à représenter l'Université dans la noble Académie de Strasbourg.

« Dans sa lutte contre un ennemi sauvage, le général Uhrich parle comme il agit, avec la résolution d'un caractère antique, et les soldats par leur élan, les habitants par leur constance, se montrent dignes d'un tel chef. Mais ces terribles épreuves auront enfin leur terme ; une fois l'honneur maintenu, la forteresse sauvée et l'armée barbare anéantie, la France reconstruira Strasbourg.

« Alors, et Dieu fasse que ce jour soit proche ! la bibliothèque se relèvera de ses ruines ; je m'occupe déjà des moyens d'y pourvoir. Il y a là, sans doute, des pertes irréparables. Qui nous rendra tant d'éditions *princeps*, tant de manuscrits uniques, admirés, étudiés, maniés avec respect par tous les savants de l'Europe ? Nous pourrons du moins, à l'aide des ressources que possède le département de l'instruction publique, et avec le concours du pays tout entier, refaire un dépôt de livres qui ne sera pas indigne de la docte et vaillante cité. Pour reconstituer une partie de ce trésor, vous indiquez des mesures excellentes, monsieur le recteur, et vous m'offrez dès à présent d'y consacrer tout votre zèle. Les services qui dépendent de mon administration reçoivent l'ordre de vous seconder avec énergie.

« Comptez sur moi, monsieur le recteur; la bibliothèque de Strasbourg renaîtra riche et glorieuse. Je veux en faire un monument qui attestera devant les âges futurs le patriotisme de notre Alsace; je veux que, sur le seuil de ce monument, une inscription, disons mieux, une sentence ratifiée par la conscience universelle, apprenne à la postérité la part et le rôle de chacun dans le bombardement de la ville.

« On y lira l'héroïsme de la population strasbourgeoise, l'indomptable ténacité de nos soldats, les lâches cruautés de l'armée assiégeante, et l'éternelle infamie attachée au nom du général prussien, à ce nom qui rappellera désormais l'attentat le plus odieux contre l'humanité et la civilisation.

« Recevez, etc.

« Le ministre de l'instruction publique,

« J. BRAME. »

La République, nous en sommes certain, ne restera pas, dans ses actes réparateurs, au-dessous des promesses de l'Empire.

HISTOIRE

DE LA CATHÉDRALE

DE

STRASBOURG

HISTOIRE

DE LA CATHÉDRALE

DE

STRASBOURG.

I

Nous avons appris la fatale nouvelle concernant la ville de Strasbourg au moment d'achever cette courte étude. Nous l'avions écrite sous le coup des plus douloureuses préoccupations, partagées par beaucoup de nos compatriotes. Pendant que par la pensée nous nous

transportions sur la place du Dôme pour assister, en quelque sorte, à la naissance et au dé-
veloppement de ce magnifique monument, aujourd'hui, hélas! entre les mains de l'ennemi,
nous nous représentions involontairement ces
tombes qui se creusaient tout près de la cathédrale, sur nos places publiques, ces tertres qui
s'élevaient sous une pluie de bombes et d'obus,
recouvrant les martyrs du patriotisme et de
l'honneur, et nous demandions avec angoisse,
avec horreur, si parmi ces tombes nous devions
un jour, jour de lugubre pèlerinage, retrouver
celle d'un ami, d'une sœur, d'une mère!

Chaque heure qui s'écoulait irritait nos in-
quiétudes, et le doux et amer sentiment que
nos amis mouraient là-bas pour une cause sacrée, pour la conservation et la grandeur de la
France, de la patrie, ce sentiment pouvait seul
nous aider à surmonter nos craintes et nous
faire désirer la prolongation d'une lutte qui,
plus elle durait, plus elle prolongeait l'agonie,
plus elle augmentait le nombre des victimes.

Mais cette lutte inégale devait fatalement finir; le terme inéluctable était prévu, il approchait. Des citoyens, des femmes, des enfants, ne combattent et ne s'immolent pas indéfiniment; une ville abandonnée à elle-même pendant des mois est condamnée à épuiser ses ressources et ses forces. Que de fois le culte rendu par la capitale à l'effigie de l'héroïque cité ne nous a-t-il pas rappelé ces derniers témoignages d'amour par lesquels nous croyons pouvoir retenir à la vie des êtres qui nous sont chers et qu'un mal incurable incline vers la tombe! Que de fois nous avons senti une émotion invincible, une douleur inexprimable monter à notre cœur, et des larmes mouiller nos yeux, à la vue de cette morte que l'on couvrait, que l'on embaumait de fleurs!

Morte!... Pourtant non, elle n'est pas morte! L'héroïque cité revivra pour la France, elle contribuera à relever la patrie, à la régénérer. Si la France devait perdre l'Alsace et Strasbourg,

9

la perte, le deuil serait encore plus grand pour
la France que pour l'Alsace! La patrie ne saurait s'y résigner, elle a besoin de l'intelligence,
du sérieux moral de cette libérale et ferme province pour l'aider à marcher dans les voiés du
progrès et du relèvement. La population de
Strasbourg a scellé de son sang son indissoluble
union avec la France ; ceux qui sont morts ont
légué leur amour aux survivants, et nous savons
qu'après avoir combattu le plus glorieusement
avec les armes de la guerre, après s'être laissé
blesser, mutiler pour la patrie, Strasbourg trouvera encore assez de force pour marcher au
premier rang de ceux qui voudront fonder la
grandeur morale de la France par l'expansion
des idées généreuses, par les œuvres de la paix
et de la civilisation.

La France ne saurait laisser à d'autres cet
héritage sacré.

Le lecteur trouvera peut-être quelque intérêt
à parcourir cette courte notice sur l'histoire de

la cathédrale de Strasbourg. Nous l'avons écrite pour rappeler au pays non pas l'amer souvenir d'un joyau à tout jamais perdu, mais la mémoire d'un trésor que nous ne nous laisserons point enlever [1].

1. Je transcris cette préface telle qu'elle a paru dans le *Temps*, il y a plus de deux mois : elle me paraît répondre encore à la situation présente.

II

La place du Dôme de Strasbourg, aussi loin
que remontent les souvenirs recueillis par les
chroniqueurs, a toujours été occupée par des
monuments élevés en l'honneur de la divinité [1].

Alors que la ville d'*Argentorat* formait le
centre d'une peuplade de Tribocques, son enceinte renfermait un bois consacré au dieu de

1. La plupart des détails qu'on va lire sont empruntés
à une brochure allemande publiée par Strobel, historiographe alsacien, à un ouvrage plus considérable écrit par
Grandidier, en 1782, et à une notice sur la ville de Strasbourg, publiée, en 1842, par C. Schmidt.

la guerre, où les habitants de la basse Alsace et des pays voisins venaient offrir des sacrifices. Le sang humain a dû souvent couler sur ses autels. Les Romains, après s'être emparés de la ville, coupèrent le bois sacré et y bâtirent un temple voué au culte de Mars. D'autres divinités latines y reçurent également, dans la suite, les offrandes et l'encens de la foule. Rien n'était d'ailleurs moins exclusif que le culte des Romains. Portant jusque dans la religion cet instinct de finesse et de souplesse pratique qui était un des traits distinctifs de leur race, ils tendaient à réunir dans leurs sanctuaires les statues des peuples vaincus et soumis, toléraient tous les cultes non empreints d'un extrême esprit d'exclusivisme, et faisaient ainsi de leurs temples un véritable Panthéon, où toutes les divinités rivales se groupaient, se réconciliaient sous la domination suprême du maître du monde, figurant et préparant la fusion des nations barbares sous le sceptre et dans la grande unité de l'empire romain.

Fidèles à leur principe, les vainqueurs toléièrent, à côté de l'image de leurs dieux, celle d'une des principales divinités des vaincus. Les Alsaciens adoraient le héros de la guerre sous le nom de *Krutzmana* [1]. La statue de ce dieu, en bronze, fut érigée et maintenue dans le temple romain, et plus tard, lorsque le culte chrétien eut remplacé le paganisme, elle fut conservée comme un précieux monument de l'antiquité dans la chapelle de Saint-Michel, attenante à la cathédrale, et elle y resta jusqu'en 1525 ; elle en fut enlevée à cette époque, et l'on ignore ce qu'elle est devenue.

Le culte de `Krutzmana* se maintint en Alsace et dans les Gaules jusque vers le sixième siècle ; le temple de Strasbourg ne fut abattu que vers le milieu du quatrième siècle, quelques années après que saint Amand eut été envoyé par le pape dans la capitale de l'Alsace pour y établir le siége épiscopal des

---

1. *Kriegsmann*, en allemand moderne : homme de guerre.

Tribocques. A en croire d'anciennes chroniques, le premier évêque de Strasbourg éleva sur
les ruines mêmes du sanctuaire païen une église
cathédrale, qui fut détruite en 406 ou 407, par
l'irruption des barbares. Au commencement du
sixième siècle, Clovis la fit reconstruire avec le
nom et en l'honneur de l'Assomption de la Vierge.

Jusque-là, Argentorat, livré aux incursions
des barbares, n'avait consisté pour ainsi dire
qu'en un certain nombre de cabanes ou de
chaumières groupées autour d'un temple. La
reconstruction de l'église attira des habitants
plus nombreux, qui bâtirent des maisons auprès
de ce lieu de culte, et élevèrent l'enceinte d'une
nouvelle et véritable ville. Elle prit dès lors le
nom de Strasbourg [1].

1. Les philologues ne sont pas d'accord sur la signifi-
cation de ce nom; un certain nombre lui attribuent celle
de : passage des oies ; une des principales industries de la
ville semblerait donc remonter bien haut. D'autres pré-
tendent que le mot *strati* appartient au dialecte franc et
veut dire *argent*. *Strasbourg* ne serait donc qu'une traduc-
tion maladroite du mot *argentorat*, que les Francs, qui ne

L'église de Notre-Dame, ou le Grand-Monastère [1], c'est ainsi qu'on appela la cathédrale à son origine, fut commencée en 504 et achevée en 510. Il y avait loin, du reste, de ce premier et grossier essai au magnifique édifice qui devait étonner le monde par sa magnificence et compter parmi les merveilles de l'art. La cathédrale élevée par Clovis était construite en bois et couverte de chaume. C'est toute la richesse et tout l'art que cet âge primitif pouvait consacrer à l'expression de sa foi naïve.

Dans l'enceinte de l'ancien temple se trouvait un puits dont l'eau avait servi primitivement à laver les victimes offertes aux divinités païennes. Saint Remi, archevêque de Reims, le bénit du temps de Clovis et en fit un baptistère. Il resta consacré au même usage jusqu'au milieu du seizième siècle. Il fut

connaissaient pas la langue celtique, croyaient être d'origine latine.

1. *Monasterium majus;* en allemand, on l'appelle encore *Münster.*

fermé en 1766 et recouvert d'une pierre au niveau du pavé.

Les rois de la première race déployèrent un zèle réel et persévérant pour agrandir et enrichir la cathédrale. Dagobert II lui fit don de plusieurs reliquaires, d'un calice d'or, d'un livre d'Évangiles garni d'or et de pierres précieuses. Charlemagne fit reconstruire le chœur en pierre, et dans de plus vastes proportions; le chroniqueur Kœnigshoven prétend même que celui que l'on voit aujourd'hui est encore en partie l'ouvrage de ce prince. Ce qui semblerait ajouter quelque vraisemblance à cette opinion, c'est que le chœur actuel est d'une solidité simple et nue, qui contraste avec l'élégante architecture des autres parties de l'édifice.

Charlemagne enrichit la cathédrale , entre autres d'une croix d'or pesant deux cent quatre-vingts livres, d'un psautier dans lequel il avait inscrit son nom de sa propre main, et d'une partie d'un crâne que la légende attribuait à Jean-Baptiste, l'ermite du Jourdain.

A partir de la fin du neuvième siècle, l'édifice fut menacé à plusieurs reprises, et dévoré en partie par les flammes. Un incendie qui y éclata en 873 consuma une partie de ses archives.

En 1002, Henri, duc de Bavière, ayant été désigné pour succéder à Othon III, trouva un compétiteur dans la personne de Hermann, duc d'Alsace et de Souabe. Celui-ci, irrité de l'appui donné à Henri par Wérinhaire, évêque de Strasbourg, résolut de se venger de ce dernier. Il mit le siége devant la ville et la prit d'assaut. Les soldats, avides de butin, profanèrent les vases sacrés, enlevèrent les ornements ecclésiastiques et le trésor, se livrèrent aux derniers outrages sur des femmes et des jeunes filles qui s'étaient réfugiées près des autels, et mirent, à l'insu du duc, le feu à la cathédrale, le jour même de Pâques. Le chœur, bâti en pierre, résista à l'incendie; la nef fut presque réduite en cendres. Le duc Hermann, s'étant peu après soumis au roi Henri, fut obligé de céder au chapitre de la cathédrale l'abbaye de Saint-Étienne, en compensation des dommages que ses troupes avaient fait subir à l'édifice. L'évêque Wérinhaire se contenta de diminuer pour un temps les prébendes des chanoinesses, pour employer leurs revenus au rétablissement de la cathédrale et de la demeure de ses chanoines.

Cependant, le feu du ciel ayant consumé, quelques jours après, ce que la fureur des soldats avait épargné, le prélat se vit réduit à faire reconstruire le *münster* sur de nouveaux plans. On employa huit ans à réunir les matériaux nécessaires pour cette grande entreprise. Les pierres de taille furent amenées de la vallée située entre Marlenheim et Wasselonne, par corvées imposées aux paysans et aux serfs de douze à vingt lieues à la ronde. C'est ce qui a fait donner, dit-on, à la place qui s'étend entre la cathédrale et le château national le nom de *Frohnhoff*, cour des corvées. Les nouvelles fondations eurent plus de trente pieds de profondeur : selon la tradition, on fut obligé, à cause de la quantité d'eau que l'on rencontra, de bâtir sur des pilotis de bois d'aune. En treize ans, c'est-à-dire en 1028, l'ouvrage fut porté jusqu'à la toiture. La tradition dit que plus de cent mille personnes avaient été employées à sa construction.

Le roi Henri combla de ses « bienfaits » le chapitre de la cathédrale; il fonda, pour perpétuer sa mémoire, un canonicat doté d'une riche prébende destinée à celui qui ferait dans l'église, en son nom, le service divin.

La basilique, élevée au commencement du onzième siècle, comprenait, comme nous le voyons encore aujourd'hui, trois voûtes, dont la plus large formait la nef. Pendant le service divin, les hommes occupaient la partie sud de la nef, les femmes la partie nord. Vers le fond, à l'orient, était le chœur, au milieu duquel était placé le grand autel, dédié à « Notre-Dame ».

A l'église s'adossait un cloître où il y avait des cellules réservées à ceux qui voulaient s'isoler tout particulièrement pour méditer et prier ; ces cellules furent transformées, dans la suite, en chapelles. L'Eucharistie était conservée dans la chapelle de Saint-Laurent. Derrière le chœur était la demeure des chanoines et de tous ceux qui étaient attachés à l'église. On la nommait *Bruderhoff*, cour des frères ; elle occupait tout l'emplacement que comprennent aujourd'hui le séminaire catholique, le lycée, le marché Gayot. L'hôpital et la chapelle de saint Ehrhard, comprise dans l'enclos de la cathédrale, faisaient encore partie des lieux claustraux.

Depuis l'an 1050 jusqu'au milieu du treizième siècle, les travaux ne furent continués qu'avec une extrême lenteur. Ils étaient retardés par de nombreux incendies, causés en partie par la foudre.

C'est vers la fin du douzième ou au commencement du treizième siècle qu'on peut placer l'origine de la haute noblesse dans la cathédrale, ou plutôt la séparation des chanoines nobles de ceux qui ne l'étaient pas.

Le chapitre date au moins du huitième siècle ; dès l'an 774, la science et la naissance formaient les qualités requises pour y être admis; les nobles n'en excluaient pas encore ceux qui ne l'étaient pas. Comme, vers la fin du douzième siècle, les nobles l'emportaient par leur nombre, ils attirèrent à eux les dignités, les fiefs claustraux, les seigneuries et la meilleure partie des revenus, et il fut statué que, sur les trente-six canonicats, il y aurait vingt-sept prébendes pour vingt-sept chanoines issus des hautes familles de l'empire, et neuf pour les prêtres non nobles. Néanmoins, les uns et les autres continuèrent à signer indifféremment les chartes jusqu'en l'an 1229.

A cette époque, les nobles commencèrent à former seuls le grand chapitre et à en exclure les autres chanoines. Ceux-ci formèrent dès lors un corps séparé, qui fut nommé le grand-chœur, parce que les membres qui le composaient faisaient presque tous les offices ecclésiastiques du chœur. Cette séparation fut approuvée par les évêques de Strasbourg, qui furent toujours tirés des plus hautes maisons, et par les empereurs d'Allemagne, qui étaient bien aises de placer des rejetons de grandes familles dans les principales basiliques de l'empire.

Dans la seconde moitié du treizième siècle, on posa les premières orgues. Elles furent brûlées en 1298. Les fondements de la tour furent jetés en 1276. L'évêque Conrad de Lichtemberg inaugura ces travaux par une cérémonie solennelle, à la fin de laquelle il retira trois pelletées de terre, exemple qui fut suivi par les chanoines et le reste du clergé. Deux ouvriers se disputèrent l'honneur de mettre les premiers la main à l'endroit où l'évêque avait enlevé la terre. L'un d'eux fut tué par l'autre à coups de pelle. Frappé de cet événement criminel, le prélat fit suspendre les travaux pendant neuf jours, au bout desquels il bénit de nouveau la place. Les fondements furent achevés l'année suivante, et la tour commença à s'élancer fièrement d'après les plans hardis de maître Erwin de Steinbach.

On éleva en même temps le grand portail

d'entrée, les deux portails collatéraux et celui du midi, qui se trouve vis-à-vis de l'ancien palais épiscopal, aujourd'hui palais national.

Les portails et leurs frontons furent ornés d'un grand nombre de statues et de bas-reliefs. Les grandes statues du portail de gauche représentaient des vierges écrasant sous leurs pieds les péchés capitaux. Aux deux côtés du portail de droite se voyaient les dix vierges de la parabole, avec l'époux et l'épouse. Quatorze statues représentant les prophètes de l'Ancien Testament, ornaient le portail du milieu. Dans les voussures de ces trois portes on plaça des figures de moindre dimension qui, de même que les bas-reliefs des tympans, représentaient soit des scènes de l'Histoire sainte, soit des saints et des anges. Dans le tympan du portail de droite on voyait Jésus-Christ assis sur un arc-en-ciel; au-dessus de lui, la résurrection des morts et le jugement dernier. Sur le pilier qui séparait les deux battants du grand portail, on plaça une

Vierge tenant l'enfant Jésus dans ses bras. Le fronton de ce portail fut orné d'un grand nombre de figures. Celle qui frappait tout d'abord les yeux représentait le roi Salomon assis sous un dais; à ses côtés, quatorze lions étaient disposés par gradins qui se rapprochaient vers le haut et se joignaient près d'une Vierge assise, tenant dans un de ses bras l'enfant Jésus, et de l'autre main un globe. Au-dessus de la Vierge, une tête entourée d'une auréole représentait Dieu le Père.

A la naissance du second étage, on plaça dans les niches des contre-forts quatre statues équestres, dont trois, celles de Clovis, de Dagobert et de Rodolphe de Habsbourg, furent érigées en 1291 ; la quatrième, représentant Louis XIV, ne fut ajoutée qu'en 1828. Les masses des murs formant la façade furent cachées par des clochetons, des arcades, des colonnettes, des statues innombrables; ces ornements, travaillés avec une rare perfection, prêtaient à cette partie du monument une finesse qui le faisait ressembler à un délicat ouvrage sorti des mains du plus habile ciseleur.

On attribue plusieurs statues et sculptures qui ornent le portail méridional à Sabine, la fille d'Erwin de Steinbach. Les plans dessinés sur vélin par son père sont conservés dans les archives de la fabrique. D'après ces plans, il devait y avoir une tour sur chacun des portails collatéraux, et chacune de ces tours devait être portée à la hauteur de 594 pieds ; celle du nord seule fut achevée et ne fut poussée qu'à une hauteur équivalant à 142 mètres. La tour de droite a été élevée à quelques marches seulement au-dessus de la plate-forme.

L'évêque Conrad de Lichtenberg ayant promis des indulgences considérables à tous ceux qui contribueraient, de façon ou d'autre, à la construction du colossal monument, l'on vit des ouvriers accourir jusque du fond de l'Autriche et s'offrir à y travailler gratuitement. Le merveilleux fut un des plus puissants auxiliaires du pieux évêque : il se trouva que, juste au moment où le besoin s'en faisait sentir le plus vivement, une statue de la sainte Vierge, placée dans la cathédrale, se mit à opérer de stupéfiants miracles, attirant à Strasbourg une foule énorme, ranimant le zèle des fidèles, provoquant des sentiments de reconnaissante admiration qui se traduisaient en signes visibles et palpables.

Jusqu'à la fin de sa vie, l'évêque Conrad consacra tous ses efforts à faire avancer le *glorieux* ouvrage, comme l'appelle une ancienne inscription. En le voyant s'élever peu à peu, il le comparait dans sa joie aux fleurs du mois de mai qui s'épanouissent au soleil. Après sa mort, en 1299, il y trouva une sépulture digne de lui. La statue qui le représente se voit encore aujourd'hui dans la chapelle de Saint-Jean.

Cependant, les constructions n'avançaient pas avec toute la rapidité que comportaient les fonds amassés. Il paraît que les jeunes chanoines, chargés de l'administration, en détournaient une partie pour l'employer à de tout autres fins qu'à l'érection d'un monument de la foi. Lorsqu'en 1290, on voulut mettre une nouvelle toiture sur l'église et le chœur, on trouva les caisses vides. On se détermina à céder dès lors l'administration des revenus de la fabrique au magistrat de Strasbourg, le grand chapitre se réservant la révision des comptes, qui seraient rendus tous les ans à une commission nommée à cet effet.

L'événement prouva la sagesse de cette mesure : les travaux avancèrent, depuis cette époque, sans interruption jusqu'à leur complet achèvement, quoique des accidents terribles les retardassent encore quelque peu. En 1289, un tremblement de terre avait ébranlé à tel point les piliers de la cathédrale, que l'on avait dû craindre un moment la ruine de tout l'édifice. En 1298, Albert, fils de Rodolphe, ayant été couronné empereur d'Allemagne, fit un séjour de trois mois à Strasbourg. A son départ, un de ses cavaliers laissa brûler par mégarde une lumière dans les écuries du palais épiscopal; un terrible incendie éclata, qui réduisit en cendres trois cent cinquante-cinq maisons. Le feu se communiqua à la cathédrale par le cordage d'une grue qui servait à élever les matériaux.

L'enceinte qui renfermait les cloches et les orgues, tout ce qu'il y avait de charpente fut consumé. La force du feu creva plusieurs ouvrages en pierre. Les voûtes menacèrent ruine, le plomb de toiture fondit et coula jusque dans la Brusch[1].

Erwin de Steinbach mourut en 1318. Son épitaphe se trouve, avec celle de sa femme Husa et de son fils Jean, au bas d'un contre-fort, dans une petite cour derrière la chapelle de Saint-Jean. Après la mort d'Erwin, Jean fut placé à la tête des travaux et continua la tour d'après les plans de son père, à peu près jusqu'à la plate-forme. Il fallut un peu plus d'un siècle

1. Elle coule à quelque deux cents mètres de la cathédrale.

pour la pousser jusqu'à la fin des escaliers tournants, et enfin, en 1439, cette tour, merveilleuse de légèreté et de hardiesse, se trouva achevée.

Nous n'en pouvons donner ici qu'une description grossière.

Cette construction, une des plus étonnantes que le génie humain ait élevées, comprend trois étages différents. Le premier s'étend jusqu'à la hauteur de la plate-forme, et paraît ne faire qu'un corps avec le milieu de l'édifice, où se trouvent renfermées des cloches, et dont il n'est séparé d'ailleurs que par un intervalle à peine perceptible.

Le second étage commence au niveau de la plate-forme. A cette hauteur, la tour prend une forme octogone. Elle est percée à jour du haut en bas, et ne se soutient que sur la maçonnerie de ses angles. Ce second étage est fermé par deux voûtes, dont la première est entièrement évidée, tandis que l'autre est presque toute plate.

La tour, dans toute la hauteur de cet étage, est entourée de quatre tourelles hexagones, percées de toutes parts. Chacune de ces tourelles contient un escalier tournant ou en escargot (*Schneckensteg*), par lequel on monte à la flèche.

La flèche forme le dernier étage. C'est une pyramide octogone évidée de toutes parts, et dont les arêtes sont autant d'escaliers tournants et à jour, au moyen desquels on s'élève jusqu'à la couronne. A partir de la couronne, et pour parvenir à la croix et à la pierre octogonale qui termine la flèche, qu'on appelle le boulon, et sur laquelle est posé le paratonnerre, on ne monte plus qu'en dehors de l'édifice, par le moyen de barres de fer posées à cet effet. Peu de personnes osent s'élever à cette hauteur vertigineuse, d'où l'on jouit, du reste, d'une vue admirable sur les fertiles plaines de l'Alsace et du grand-duché de Bade, sur les chaînes pittoresques des Vosges et de la Forêt-Noire.

Les différentes voûtes de la tour sont si artistement percées que, depuis le haut de la couronne, le regard descend en droite ligne jusque sur le pavé intérieur de la cathédrale.

La tour est un chef-d'œuvre d'élégance et de légèreté. Vraie dentelle de pierre, on serait tenté de craindre pour elle le moindre assaut du vent et de l'orage, et voilà pourtant que, grâce au soin jaloux avec lequel la ville l'entretient et la répare sans cesse, elle a défié des siècles et s'élance toujours avec la même foi, avec la même confiance, dans les profondeurs du ciel, élevant et emportant avec elle nos pensées les plus pures, les plus sereines, les plus hautes.

10

III

Divers incidents, que nous devons rapporter, avaient marqué l'achèvement de la cathédrale.

Depuis l'année 1389, le magistrat faisait sonner sur la plate-forme, à huit heures du soir et à minuit, d'un cor appelé *Grüselhorn*, le *Judenbloss*, c'est-à-dire la « sonnerie des Juifs ». Voici l'origine de cette sonnerie. En 1349, la peste avait enlevé jusqu'à 16,000 personnes à Strasbourg. Le peuple avait accusé les Israélites d'avoir provoqué cette effrayante mortalité en empoisonnant les puits et les fontaines. On en livra aux flammes 2000[1], et le reste fut chassé de la ville. Vingt ans après, ils avaient reçu l'autorisation d'y rentrer, mais ils en furent expulsés de nouveau, sous le coup d'une grave accusation. On disait qu'ils s'étaient engagés à livrer la ville à des seigneurs voisins ligués contre elle. Ils avaient pris pour signal le son d'un cor, et c'est pour rappeler cette trahison que le magistrat avait ordonné le *Judenbloss* sur la plate-forme. Cette sonnerie se maintint à travers les siècles, et ne fut abolie qu'à la fin du siècle dernier, par le progrès des idées de justice, de tolérance et d'humanité.

En 1357, un violent tremblement de terre ébranla la cathédrale et les maisons de la ville. Le peuple, qui allait déserter en masse pour chercher un asile à la campagne, ne put être retenu que par des ordres sévères. Pour prévenir le retour de ces terribles épreuves, le magistrat,

---

1. Dans leur cimetière : de là le nom de rue Brûlée donné à la rue qui passe sur l'emplacement occupé autrefois par ce cimetière.

de concert avec l'évêque, décida qu'à l'avenir, tous les ans, le jour de la Saint-Luc, on ferait une procession solennelle autour de la cathédrale. Tous les sénateurs devaient y assister, pieds nus, vêtus d'un long habit de drap couleur de cendres, un cierge d'une livre à la main. A la fin de la procession, ils offriraient leurs cierges à la vierge Marie, et les habits qu'ils avaient portés seraient donnés aux pauvres, avec trente sacs de grain qu'on leur distribuerait au Luxhof. Cette cérémonie fut célébrée régulièrement jusqu'en 1524, époque où elle fut abandonnée à la suite de l'introduction de la Réforme à Strasbourg.

La tour ayant été achevée le 24 juin 1439, on y posa une croix, surmontée d'une statue de la Vierge, protectrice de la cathédrale et de la ville. Cette statue fut descendue en 1488, pour prévenir le danger qu'elle avait plusieurs fois couru d'être renversée par le vent ou la foudre. On la posa, en 1493, au-dessus du portail du midi, où on la voit encore aujourd'hui. On la remplaça enfin sur la tour, en 1833, par un paratonnerre destiné à préserver le monument des nombreuses atteintes du feu du ciel[1].

En 1459, on dut renouveler les voûtes de l'intérieur de l'église et sa toiture. En 1486 fut érigée la grande chaire, par les soins de l'architecte de la fabrique, Jean Hammerer. Jacques de Landshut jeta, en 1494, les fondements de la nouvelle chapelle de Saint-Laurent. Cette chapelle fut achevée en 1505.

A la fin du quinzième siècle, et au commencement du seizième, l'éloquence de Geiler de Kaisersberg jeta un vif éclat dans la chaire de la cathédrale. Par ses prédications ardentes, où il flagellait avec une hardiesse et une rudesse naïves la corruption du temps, il prépara les

1. En 1833, trois coups de foudre étaient tombés sur la tour dans le même quart d'heure.

voies à la Réforme, et fit abolir dans la cathédrale même diverses cérémonies qui donnaient lieu à de graves désordres, à des scènes scandaleuses. Nous nous bornerons à en citer deux curieux exemples,

On avait placé au-dessus des orgues une statue de saint Christophe, haute de trente-six pieds. Le jour de la Pentecôte, lorsque la population de la ville et des campagnes environnantes se portait en foule à la cathédrale, un jongleur se plaçait derrière la statue, et pendant qu'on entrait en procession dans la nef, il attirait l'attention des fidèles par des gestes indécents et des chansons dissolues. Geiler fit supprimer cette singulière cérémonie, ainsi que les assemblées nocturnes qui avaient lieu le jour de la fête de la dédicace.

Lors de cette fête, les hommes et les femmes passaient la nuit dans la basilique. On buvait, on chantait, on dansait avec les postures les plus provoquantes et les plus lubriques. Le grand autel servait de buffet, on y laissait une

petite place pour la célébration du sacrifice, qui
ne s'interrompait pas pendant ces scènes étran-
ges. Dans la chapelle de Sainte-Catherine, on
établissait un grand tonneau, et l'on distribuait
du vin à tous les étrangers ; on les forçait même
de boire, et l'on allait jusqu'à réveiller, par des
instruments pointus, ceux que la lassitude ou
l'ivresse avait endormis. On imagine sans peine,
et il est à peine besoin de dire, que de plus
honteux désordres suivaient ces libations for-
cées. Dans ces âges de foi robuste, la nature,
courbée sous une piété presque toujours oppres-
sive et sombre comme une menace, reprenait
par instants ses droits et se vengeait par des
coups d'audace, par des éclats de hardiesse iro-
nique, qui étonnent l'humeur plus égale de
notre siècle éclairé et incrédule.

Strasbourg fut la première des grandes cités
impériales qui passa à la Réforme. Dès l'an
1518, quelques bourgeois, pénétrés des principes émis par Luther, affichèrent ses quatre-

vingt-quinze thèses à la porte de la cathédrale. Pierre Wickgram, neveu de Geiler de Kaisersberg, porta même sa doctrine dans la chaire de cette église, mais il rencontra une résistance assez vive pour se voir réduit à quitter son poste en 1521. Les deux prêtres qui le remplacèrent successivement se convertirent au protestantisme, à peine installés dans leurs fonctions. Le dernier, Gaspar Hédion, fut même, avec Mathieu Zell, curé de la chapelle de Saint-Laurent, un des premiers et des plus distingués prédicateurs de la Réforme à Strasbourg.

Les sermons de Zell eurent des succès si étendus et si rapides à la cathédrale, que le grand chapitre fit fermer à serrure la chaire, afin d'empêcher le hardi novateur d'y monter. Les menuisiers qui demeuraient dans une rue voisine, dite *Kurbaugass*, prirent alors le parti de faire une chaire portative en bois, qu'on plaçait vis-à-vis de celle de pierre lorsque Zell voulait prêcher. Après le sermon, ils la reportaient hors de l'église. Le magistrat, qui avait des sympathies pour sa personne et sa doctrine, fit rouvrir à Zell la grande chaire en 1523. L'évêque lui défendit d'y monter, et le grand-chœur lui ôta sa cure, mais déjà les partisans de Zell étaient assez forts et assez nombreux pour le soutenir, malgré cette destitution, dans l'une et l'autre place. A eux se joignirent Fabrice Kœpflein de Haguenau, plus connu sous le nom de *Capito*, Martin Bucer, et plusieurs autres moines défroqués. Ils se firent recevoir citoyens de Strasbourg, et le magistrat, par un décret du 1er décembre, les autorisa à prêcher l'Évangile, suivant « le texte pur et simple des Saintes Écritures ». Le grand-doyen de la cathédrale, de Hohenlœh, leur accorda également sa protection, et les maintint, malgré son chapitre, dans leur chaire. L'évêque les ayant excommuniés, le magistrat se déclara hautement pour la Réforme; dès lors, la messe fut dite en allemand, et la communion célébrée par les laïques, sous les deux espèces, dans la cathédrale.

Chaque jour le culte catholique y perdait de

son prestige, et était obligé d'abandonner une partie de ses cérémonies. La messe y fut abolie et les jours de fête supprimés en 1525. En 1526, la plupart des autels furent remplacés par la table de la Sainte-Cène; en 1527, les prêtres ne purent plus entendre les confessions dans le chœur, mais ils continuaient à y lire des messes. La dernière y fut dite en 1529; presque tous les fidèles de la cathédrale s'étaient convertis à la doctrine de Luther ou à celle de Zwingle.

A la suite de l'*intérim*, le culte catholique fut rétabli dans la cathédrale, mais on réserva à Caspar Hédion le droit d'y prêcher les dimanches et jours de fête, à condition que, dans ses sermons, il ne dirigeât point d'attaque directe ni contre la doctrine catholique, ni contre les articles de l'*intérim*. Cet article du traité ne fut point exécuté. Le grand-chapitre ayant exigé que Hédion prêchât avec le surplis, suivant l'usage catholique, le novateur aima mieux quitter la chaire de la cathédrale. Pour dédommager en

quelque mesure les protestants, on leur céda
l'ancienne église des Dominicains, vaste édifice
qui, dans les derniers temps, avait servi de ma-
gasin de bois, et qui prit dès lors le nom de
Temple-Neuf. Le culte catholique ne fut point,
cependant, restauré sans difficulté à la cathédrale. Les protestants, plus nombreux que les
catholiques, irrités de se voir dépossédés, trou-
blèrent à plusieurs reprises l'office divin; quelques-uns menacèrent même de tuer les bourgeois qui allaient assister à la messe, de sorte
qu'on fut obligé d'entourer les portes du chœur
d'une grille de fer et de les faire garder par des
agents de police, pour protéger le clergé.

La paix d'Augsbourg confirma les catholiques
dans la possession de la cathédrale; mais, à
l'expiration des dix années pour lesquelles la
ville avait, par un article de l'intérim, promis
sa protection au chapitre, les protestants es-
sayèrent de reprendre l'église. La foule, s'y étant
portée un dimanche, interrompit le service, attaqua les prêtres, et les menaça avec une vio-

lence et une persistance telles, qu'ils comprirent que désormais il leur était impossible de s'y maintenir. Ils l'abandonnèrent, et le magistrat la fit fermer pendant quelques mois. Le 18 mai 1561, le culte protestant y fut réinstallé.

Les membres du grand-chœur conservèrent la jouissance des revenus de leurs prébendes, avec l'obligation de payer tous les ans le droit de protection au magistrat et d'acquitter les charges du droit de bourgeoisie. Ils devaient, en outre, fournir deux maisons pour le logement du clergé luthérien de la cathédrale, et contribuer à son entretien par une pension annuelle de 600 florins. L'exclusion du culte catholique n'était pas, d'ailleurs, absolue. A la mort de l'évêque Erasme, de Leinbourg, le grand-chapitre obtint la permission du magistrat de s'assembler dans la cathédrale et d'y procéder, avec les cérémonies ordinaires, à l'élection d'un nouvel évêque. A cette occasion, le pasteur Jean Marbach prononça même un discours sur l'origine et les devoirs de l'épiscopat.

11

Mais, en général, les rapports entre les deux cultes furent souvent troublés pendant toute la seconde moitié du seizième siècle. La plupart des membres du grand-chœur ayant quitté Strasbourg, les protestants en attirèrent les revenus à eux : cette mesure ne contribua pas médiocrement à augmenter l'irritation. Elle parvint à son comble à la mort de l'évêque Jean de Manderscheidt.

Le grand-chapitre était toujours divisé en deux partis, dont l'un, catholique, s'était retiré à Saverne, tandis que l'autre résidait à Strasbourg. Les deux partis nommèrent chacun un évêque, et cette double élection alluma en Alsace une guerre longue et sanglante, qui ne fut terminée que par un traité conclu à Haguenau, le 12 novembre 1604. Par ce traité, les revenus attachés au chapitre de la cathédrale, et que les deux partis se disputaient, furent partagés, le nombre des chanoines protestants fixé définitivement, la résidence du chapitre catholique et du grand-chœur établie à Molsheim.

Dans l'intervalle, la cathédrale avait reçu de notables embellissements. On y avait posé de nouvelles orgues, et une horloge astronomique, remarquable ouvrage d'art, qui marcha jusqu'en 1789.

En 1625, un coup de foudre avait tellement endommagé la partie supérieure de la tour, qu'on craignit de la voir s'écrouler. On fut obligé de l'abattre à vingt-huit pieds de hauteur. On la reconstruisit dans la même forme, et on ajouta même un pied de plus à sa hauteur.

En 1651, nouveau coup de foudre, nouveaux dégâts, plus considérables encore. Cette fois, on se vit réduit à abattre cinquante-huit pieds de la tour, et à les reconstruire à nouveau. Il fallut trois ans pour conduire ces travaux à terme.

En 1674, François Egon de Furstenberg, évêque de Strasbourg, fut, par décret de la Chambre impériale de Ratisbonne, privé du droit de siéger aux Diètes de l'empire. Cette mesure fut motivée par son attachement pour

Louis XIV. La ville s'étant prononcée, vers la
même époque, contre la France, le marquis de
Créqui, qui s'était emparé du fort de Kehl, fit
tirer un boulet de canon de six livres contre la
cathédrale, pour montrer combien la France
était mécontente de la ville. Ce boulet porta sur
une galerie, au-dessus du chœur ; la pierre qu'il
frappa le renvoya à soixante pas. Le magistrat
fit marquer l'endroit d'un cercle noir avec une
inscription allemande, qu'on y voit encore aujourd'hui. L'inscription donne les indications
que nous venons de rappeler et se termine ainsi :
« Dieu veuille protéger à l'avenir l'église et la
ville, aussi longtemps que dureront les jours du
ciel. »

Deux siècles plus tard, un nouvel ennemi,
venant du nord, cette fois, devait se pré-
senter devant les portes de la ville, et essuyer
un refus plus formel encore. Moins modeste
que l'armée française, l'invasion prussienne
ne s'est point contentée d'un boulet tiré contre la basilique, pour marquer son irrita-

tion, elle a voulu se venger de la résistance d'une population héroïque en s'acharnant sur le monument qui était sa joie, son orgueil, son plus précieux joyau. Obéissant à un calcul perfide, elle a fait mentir le pieux souhait que la cathédrale semblait élever avec confiance vers le ciel, et s'est livrée à une dévastation que l'histoire flétrira comme un acte digne des âges de la barbarie.

IV

Lorsque Strasbourg passa à la France, il fut stipulé par l'article 3 de la capitulation ratifiée par Louis XIV, en 1681, que la cathédrale serait rendue au culte catholique. Au mois d'octobre de la même année, l'évêque, le grand-chapitre et le grand-chœur y firent leur rentrée solennelle, et les protestants durent se contenter du Temple-Neuf, qui devint dès lors leur église principale.

Quelques jours après, Louis XIV étant venu prendre possession de la ville, fut reçu en grande pompe à la cathédrale, et y entendit un *Te*

Deum et la messe. L'évêque lui adressa un discours, où il s'écria, en versant des larmes de
joie, « qu'il mourrait content, puisqu'il avait vu le
Sauveur du monde recevoir dans son saint temple le culte qui lui était dû, par la piété du plus
grand monarque de l'univers ».

En 1687, le grand-chapitre décida que sur
vingt-quatre canonicats, huit seraient attribués
à des seigneurs français.

On renouvela, en même temps, les anciens
statuts, suivant lesquels les récipiendaires allemands devaient produire des preuves, attestées
par deux princes et deux comtes de l'empire, de
seize quartiers paternels et maternels, tous de
princes ou comtes, tant en ligne directe qu'en
ligne collatérale, ayant voix aux Diètes généra-
les de l'empire. Les candidats français devaient
produire les mêmes titres ; du côté paternel,
cependant, ils devaient être issus de princes ou
de ducs ; du côté maternel, on leur demandait
seulement d'être d'une noblesse très-ancienne,
illustre par son nom et ses faits d'armes. Enfin,

en 1687, un arrêt du conseil souverain d'Alsace, confirmé plus tard par le traité de Riswick, rétablit les chanoines catholiques dans la possession de tous les biens et de tous les revenus qui avaient été attribués aux chanoines protestants.

Lorsque le culte catholique fut rétabli à la cathédrale, quelques familles seulement le professaient à Strasbourg. Lors de la paix de Riswick, le nombre des catholiques se montait à plus de cinq mille; depuis cette époque, il est allé rapidement en augmentant.

Parmi les évêques qui ont occupé le siége de Strasbourg depuis le commencement du dernier siècle, on a conservé dans cette ville un souvenir très-vivant du prince Armand Gaston de Rohan. Il se distingua par son élégance et sa vie mondaine, et l'histoire locale a conservé de lui maint trait qui dépeint ses habitudes de grand seigneur follement prodigue.

Il modifia le règlement concernant l'élection des chanoines, et diminua considérablement le nombre des quartiers de noblesse dont les candidats étaient tenus de fournir les preuves. Ce fut sous son épiscopat, en 1713, que l'on établit dans la cathédrale les nouvelles orgues fabriquées par André Silbermann, et qui comptaient parmi les plus grandes et les plus belles de l'Europe. Nous avons appris, il y a quelques jours à peine, que les bombes prussiennès viennent de les empêcher à tout jamais de rouler leurs ondes sonores sous les voûtes de la merveilleuse basilique qui semblait devoir se préserver, par sa majesté même, de ces barbares atteintes.

Le 15 août 1725 eut lieu une des cérémonies les plus pompeuses dont l'histoire de la cathédrale de Strasbourg ait conservé le souvenir. On y célébra le mariage de Louis XV (représenté par Louis, duc d'Orléans, premier prince du sang), avec la princesse Marie, fille de Stanislas Leczinski, roi de Pologne.

En 1728, le 3 août, un tremblement de terre

ébranla si violemment l'édifice, que l'eau d'un réservoir du gardien de la plate-forme fut élevée à la hauteur de plusieurs pieds et jetée à une distance de dix-huit pieds. Une inscription, gravée sur du marbre noir, dans la tour, à la hauteur de la plate-forme, conserve la mémoire de cette terrible secousse.

Louis XV visita la cathédrale en 1744. Marie-Antoinette, qui passa à Strasbourg au mois de mai 1770, y voulut entendre une messe, et y fut reçue en grande pompe par le prince Louis de Rohan, coadjuteur de Strasbourg. Elle put admirer l'édifice restauré tout récemment. Quelques années auparavant, deux formidables incendies, allumés par la foudre, y avaient causé de tels dégâts, qu'il avait fallu quatre années entières pour les réparer. On avait remplacé l'ancien maître-autel par celui de marbre que l'on y voit encore ; le chœur avait été pavé également de marbre ; les travaux, payés par le seul chapitre, avaient coûté plus de quatre cent mille livres.

Ce fut aussi vers cette époque que les directeurs de la fabrique firent démolir les vieilles baraques adossées à la cathédrale. Elles servaient de boutiques et même de buvettes, et étaient en tel nombre que leurs toits cachaient une grande partie des statues et des sculptures qui ornent le bas de l'édifice. La façade principale en fut complétement dégagée, mais on en bâtit de nouvelles avec un peu plus de goût, il est vrai, aux deux côtés de la cathédrale. Ces dernières n'ont été détruites, si nos souvenirs ne nous trompent, que vers la fin du premier tiers de ce siècle.

En 1785, Louis XVI accorda au chapitre une distinction particulière, consistant en une croix d'or qui devait être portée par tous les capitulaires et qui leur assurait « le premier rang parmi tous les corps ecclésiastiques affectés à la haute noblesse, et parmi les plus illustres chapitres de la France et de l'Allemagne ».

En 1781, de magnifiques fêtes furent célébrées à Strasbourg, et en particulier à la cathédrale, la première en l'honneur de la réunion de l'Alsace à la France, la seconde en mémoire du rétablissement du culte catholique dans la basilique.

V

Pendant la Révolution, la cathédrale subit le sort commun à tous les édifices du même genre. Ce monument de la foi fut affecté à des usages et à des services plus que profanes, et la foule, dans son aveugle colère, alla même jusqu'à arracher les portes d'airain des trois grands portails du midi, avec les riches ornements dont elles étaient couvertes, pour les fondre et en faire des médailles et des monnaies. Ces ouvrages d'art n'ont jamais été restaurés dans leur élégance primitive, et sont remplacés en ce moment encore par des portes en bois, dont la triste nudité contraste singulièrement avec la richesse de leur encadrement. La foule avait encore brisé ou mutilé d'autres statues et figures qui ornaient l'édifice, et Teterel, l'un des plus furieux démolisseurs, avait même proposé d'abattre la flèche. Sa motion n'ayant pas été adoptée, il obtint au moins que l'on coiffât la pointe de la tour d'un immense bonnet rouge en fer-blanc, qui, dans la suite, fut conservé parmi les curiosités de la bibliothèque de la ville.

Pendant ces derniers temps, la municipalité de Strasbourg avait dépensé des sommes considérables pour remplacer les statues brisées pendant la Révolution.

La ville avait fait restaurer, en outre, le chœur dans l'austère simplicité qu'il avait eue primitivement. Elle avait décoré les chapelles de tableaux de maîtres, parmi lesquels on cite l'*Adoration des bergers*, par Guérin; l'*Ensevelissement de Jésus*, par Klein, artiste distingué,

enfant de Strasbourg; l'*Ascension*, par Heim.
La rose magnifique, immense, qui surmonte le
grand portail, et qui a cinquante mètres de cir-
conférence, avait été faite d'après les dessins
des peintres-verriers Ritter et Müller, de Strasbourg. Les vitraux des nefs latérales avaient été
complétés avec un art délicat, par Baptiste; et
l'horloge astronomique, ce chef-d'œuvre célèbre
dans le monde entier, construite et achevée par
l'illustre Schwilgué.

L'horloge primitive, établie à la fin du seizième siècle, s'était arrêtée en 1789. Elle répondait à toutes les exigences de la science du
temps, avait été construite avec beaucoup d'art,
et avait été longtemps l'objet de l'admiration
des étrangers qui venaient visiter Strasbourg.
Au commencement de ce siècle, on avait senti
le besoin de la mettre en accord avec les con-
naissances nouvellement acquises, et l'on chargea, en 1838, Schwilgué de la réparer à cet effet. Il en fit sortir le mécanisme ancien, et fit
un ouvrage pour ainsi dire tout nouveau. Com-

mencée en 1838, l'horloge fut achevée en
1842.

A sa base se trouvait le globe céleste, ar-
rangé pour la latitude géographique de Strasbourg, et indiquant 5000 étoiles ; derrière lui,
le calendrier éternel, dans un cercle mobile,
entouré des statues d'Apollon et de Diane.

Du côté gauche du globe était le comput ec-
clésiastique qui indiquait les jours de fête; du
côté droit on avait établi les équations solaires
et lunaires. Au-dessus du calendrier, on voyait
les images des divinités païennes d'après lesquelles l'antiquité avait dénommé les jours de la
semaine : Apollon se montrait le dimanche,
Diane le lundi, etc. Des deux côtés du monument se trouvaient des tableaux représentant
la création, les péchés, la régénération, la résurrection du Christ, son ascension, le jugement
dernier, avec les versets de la Bible correspon-
dants. Ils étaient surmontés de la galerie dite
des Lions, dont le milieu était occupé par un
petit cadran indiquant le temps moyen; ce ca-

dran était entouré de deux génies dont l'un, celui de gauche, battait les quarts d'heure, tandis que celui de droite retournait à la fin de chaque heure une clepsydre. Au-dessus de la galerie se trouvait le planétaire, sur lequel les sept planètes visibles gravitaient, dans leur position naturelle, autour de la cathédrale; au-dessus du planétaire étaient représentées les différentes phases de la lune.

Aux quatre coins du planétaire, on avait érigé quatre petites statues figurant les Saisons; de plus, on avait élevé aux deux côtés de l'horloge deux figures peintes, représentant l'une l'Église chrétienne, l'autre l'Antechrist. Parmi les figures mobiles, on en remarquait quatre qui représentaient les différents âges de la vie, et sonnaient les quarts d'heure; les heures étaient sonnées par un squelette représentant la Mort. L'horloge était couronnée par une statue représentant le Christ dans sa gloire. A midi, les douze apôtres, reconnaissables à leurs symboles, passaient en s'inclinant devant lui, pendant que le coq battait des ailes et faisait entendre trois fois son cri plaintif et perçant.

Une foule immense et recueillie venait tous les ans, le 31 décembre, à la cathédrale, pour y assister à la naissance d'une nouvelle année, et tous ceux qui l'ont éprouvée, garderont le souvenir de l'émotion qui les pénétrait lorsqu'au milieu d'un silence solennel et mystérieux, l'horloge faisait retentir les coups de minuit sous les sombres voûtes, dans les profondeurs impénétrables du dôme immense, annonçant qu'une nouvelle et importante partie de notre vie venait de s'engloutir dans l'abîme de l'éternité.

Les derniers embellissements qu'ait reçus la cathédrale sont dus à l'architecte Clauss, aux sculpteurs Grass et Friederich[1]. Grass a orné, entre autres, le portail de l'horloge de deux

1. Ce dernier, quoique catholique, vient aussi d'achever la statue de l'illustre Sturm de Sturmeck, le fondateur du gymnase protestant, laquelle a été inaugurée au mois de mai dernier. Il a donné ainsi aux diverses com-

magnifiques statues représentant Erwin de Steinbach et sa fille Sabine.

Parmi les souvenirs les plus récents qui se rattachent à la plate-forme, nous citerons le banquet qui y a réuni, le 1er septembre 1834, les membres du Congrès botanique tenu à Strasbourg.

La dernière fête, une des plus magnifiques qui aeint été célébrées dans la nef, a eu lieu, en 1867, à l'occasion du jubilé de Mgr Raess, évêque de Strasbourg. Pendant trois jours, la cathédrale retentit de l'éclat de la musique sacrée et de l'éloquence de plusieurs évêques accourus de près et de loin, et parmi lesquels nous nommerons Mgr Ketteler, évêque de Mayence, un des prédicateurs les plus distingués de l'Allemagne.

Enfin, pour terminer cette trop incomplète notice historique[1], nous citerons quelques noms

munions religieuses un bel exemple d'union, au-dessus et en dehors des dogmes théologiques, dans l'amour pur et désintéressé du bien et du beau.

1. Pour donner une description de la cathédrale digne

d'hommes illustres qui ont tenu à marquer leur passage dans la cathédrale. Parmi ces noms, gravés en assez grand nombre, soit sur les pans extérieurs, soit sur les murs intérieurs du vestibule où commence l'escalier de la flèche proprement dite, on remarque ceux de Gœthe, de Herder, de Lavater, d'OEhlenschlaeger, de Voltaire, du duc d'Angoulême, de la duchesse de Wurtemberg, de M. de Montalembert.

Les derniers travaux, poursuivis amoureusement, on peut le dire, par nos artistes et encouragés par une ville jalouse de léguer intact à la postérité un monument que le monde entier lui enviait, ces travaux touchaient à leur fin, quand la France stupéfaite apprit l'attentat, unique dans l'histoire, qui vient d'y être commis.

Nous espérions que ce chef-d'œuvre incomparable, propriété non pas d'une nation, mais de toutes les nations civilisées, de tous ceux qui

du sujet, il faudrait une plume artistique. Nous avouons l'impuissance de la nôtre.

ont le sentiment de l'art et le culte du beau,
serait respecté d'un ennemi venu pour repousser les attaques d'un conspirateur, non pour
détruire les œuvres de la civilisation. Mais la
furie de la destruction, surexcitant des hordes
en délire, leur a soufflé l'idée de briser la résistance de la ville en s'attaquant au précieux
joyau qu'elle renferme.

Notre cœur, à nous tous qui avons été élevés
à l'ombre de la cathédrale ou qui l'avons visitée
en voyageurs curieux et émerveillés, notre
cœur s'est serré douloureusement quand nous
avons su que pendant des jours, des nuits et
des semaines, elle était exposée à des coups trop
habiles pour être dus au hasard, que le toit s'é-
tait effondré sous le poids des bombes, que les
orgues, que l'horloge avaient été détruites, que
la place du Dôme était couverte de statues brisées et mutilées, que la flèche elle-même, qui
semblait défier les coups les plus audacieux, menaçait ruine.

La Prusse a marqué sa honte avec chaque

pierre qu'elle a détaché de la cathédrale, la France marquera sa gloire en réparant le désastre, et en puisant dans le spectacle et, plus tard, dans le souvenir de la destruction, la ferme résolution, la force de ne plus jamais entreprendre que des œuvres de paix et de civilisation.

FIN.

Imprimerie générale. — Labure, rue de Fleurus, 9, à Paris.

www.ingramcontent.com/pod-product-compliance
Lightning Source LLC
Chambersburg PA
CBHW070558100426
42744CB00006B/332